OS MÉTODOS DE ADMINISTRAÇÃO DE JESUS

OS MÉTODOS DE ADMINISTRAÇÃO DE JESUS

BOB BRINER

Traduzido por
Milton Azevedo Andrade

Raquel M.
04/08/99

NEXO
EDITORIAL

Dados Internacionais de Catalogação na Publicação (CIP)
(Câmara Brasileira do Livro, SP, Brasil)

Briner, Bob

Os métodos de administração de Jesus / Bob Briner; tradução de Milton Azevedo Andrade. – São Paulo: Mundo Cristão, 1997.

Título original: The management methods of Jesus
ISBN 85-7325-115-8

1. Administração – Aspectos religiosos – Cristianismo 2. Capacidade executiva – Ensino bíblico 3. Jesus Cristo – Liderança I. Título.

97-2725 CDD-658

Índices para catálogo sistemático:
1. Administração: Prática religiosa: Cristianismo 658

Título do original em inglês:
The management methods of Jesus

Publicado por Thomas Nelson, Inc. Publishers
Nashville, Tennessee, EUA

Capa:
Douglas Lucas

Supervisão editorial e de produção:
Jefferson Magno Costa

1ª edição brasileira: Julho de 1997
2ª edição brasileira: Julho de 1998
3ª edição brasileira: Outubro de 1998
4ª edição brasileira: Abril de 1999

Impressão:
OESP Gráfica S/A

NEXO, uma divisão da A.R.E.M.C.

Caixa Postal 21.257
CEP 04602-970 – São Paulo – SP

abec SOCIO

Sumário

Este livro é dedicado
a nossa bela filha Leigh
Briner Ganton, e a seu
esposo, Kevin J. Ganton,
um homem de negócios
que aplica em sua vida
os ensinos de Jesus.

Agradecimentos

Como ocorre em todo projeto de escrever um livro, muitas pessoas colaboraram para que este trabalho se concretizasse.

Quero agradecer a meus editores da publicadora Thomas Nelson, Bruce Nygren e Leslie Peterson, por sua significativa contribuição para este trabalho.

Dr. Os Guinness, brilhante pensador e escritor cristão, comentou com muita propriedade o manuscrito, como também o fez o notável consultor empresarial Jack Kinder.

Minha esposa Marty continua a ser uma peça importante em minha equipe de redação, e de igual modo também Mary Ann Van Meter, minha assistente há longo tempo em nosso escritório em Dallas.

Entre os mais significativos contribuintes para este livro, em particular, estão aqueles que me ensinaram tudo o que sei sobre negócios.

Meu falecido tio, Bill Briner, foi o último deles.

Chuck Burr, do Delfins de Miami, foi o meu primeiro patrão, no ramo de esportes profissionais.

Trabalhei com David F. Dixon no planejamento do Superdome, em Nova Orleans.

Lamar Hunt foi uma chefe maravilhosa, quando começamos uma moderna e profissional excursão de tênis.

Robert S. Folsom, que depois por duas vezes foi um bem-sucedido prefeito em Dallas, guiou-me nos anos em que me envolvi com o basquete profissional.

Por mais de vinte anos eu e meu amigo e sócio Donald Dell trabalhamos juntos, por todo o mundo, em muitas áreas do esporte profissional na televisão.

Dois esplêndidos homens de negócios e artífices da velha escola, Vance Kidwell e Maurice Daniken, inspiraram-me e incentivaram-me em minha longa carreira, pela sua dedicação à excelência e à integridade.

Todos esses homens, e muitos outros, contribuíram para tudo o que sei hoje sobre negócios e, assim, devo a eles muito do que escrevi neste livro. Sou muito grato a cada um deles.

– Bob Briner
Greenville, Illinois, E.U.A.

Introdução

Com certeza você já ouviu falar de Átila, rei dos hunos, que viveu no século V e teve o cognome de "flagelo de Deus" pelo terror supersticioso que provocava em seus adversários e cujo império não sobreviveu à sua morte. Que ensino ele nos deixou quanto à gerência empresarial?

Nenhum! O maior empresário de todos os tempos foi Jesus Cristo. Basta olhar para o que ele realizou. Qualquer que seja o processo de avaliação, a evidência dos fatos atesta que a organização fundada por Jesus é a mais bem-sucedida de todos os tempos. Longevidade? Dois mil anos. Riquezas? Incalculáveis. Números? Impossível avaliar. Lealdade de seus membros? Muitos chegam a dar a sua vida por esta organização. Distribuição? No mundo inteiro, em todas as nações. Diversificação? Integrada com grande sucesso em todo tipo de empreendimento. Eis o resultado final: Jesus Cristo reina, supremo, como o maior administrador que o mundo já conheceu.

Átila, o huno? Foi um mal-sucedido, igual a tantos outros conquistadores. Se você realmente deseja ser bem-sucedido, estude, aprenda e aplique os princípios gerenciais de Jesus Cristo.

Não me entenda mal. Não quero dizer que Jesus é um guru para os empresários de hoje, cheio de fórmulas, *slogans* e seminários para uma revolucionária vida de negócios. Em primeiro lugar, ele é muito mais do que isso. Muitas pessoas já colocaram Jesus dentro de muitos moldes, desejosos de adaptá-lo às idéias que possuem. Mas o que me impressiona e o que espero que lhe cause um grande impacto é o seguinte: Coloque a vida e o ensino de Jesus fora de qualquer contexto místico ou espiritual, e você encontrará uma sabedoria altamente relevante ao meu e ao seu mundo, o mundo dos negócios. Pense sobre isso!

Tenha um Plano

É espantoso como bem poucas empresas têm um plano diretor pelo qual possam acompanhar o seu desempenho e medir o seu progresso. Até mesmo são raras as pessoas que têm elaborado um plano para suas vidas com objetivos a serem alcançados em curto, médio e longo prazos. Este é um erro fundamental.

Jesus tinha um plano e obedeceu a ele fielmente. Esta foi a razão maior do seu sucesso. Ele sabia para onde ia e permanecia naquela direção. Nada o detinha. Sabendo que a última etapa do seu plano seria executada em Jerusalém, e ainda sabendo que o sacrifício final seria requerido dele ali, ele fez o seu rosto como um seixo, como diz a Escritura em Isaías 50:7, ou seja, Jesus foi firme como uma rocha, inflexível, resoluto. Fossem quais fossem as conseqüências, ele iria a Jerusalém e executaria o seu plano.

Um princípio gerencial fundamental, válido tanto para indivíduos como para organizações, é ter um plano a que você se entrega completamente, e daí agir com determinação para executá-lo. Sem um plano, você não tem para onde ir, você não tem um alvo para onde canalizar as suas energias. Sem um plano, você apenas reagirá face às circunstâncias. Um plano faz com que você assuma controle sobre suas energias e atividades. Você se torna *pró-ativo* e não reativo.

UM PLANO FAZ COM QUE VOCÊ ASSUMA CONTROLE SOBRE SUAS ENERGIAS E ATIVIDADES.

Esteja Preparado

Num enfoque celestial, a preparação de Jesus não teve princípio. Foi eterna. Mesmo num enfoque temporal, Jesus preparou-se também, durante *trinta* anos, antes de dar início à execução do seu plano.

Como seres finitos, nós não temos trinta anos para formular o nosso plano, mas o exemplo de Jesus é, como sempre, excelente. Para assegurarmos a máxima eficácia e a completa realização de nossos planos, temos de nos preparar primeiramente.

Em meus quarenta anos de negócios, raramente me senti muito bem preparado, à vontade. Tenho me visto muitas vezes bastante despreparado, e os resultados alcançados comprovam isso. Preparo inadequado produz resultados inadequados.

Foi em sua compreensão do Antigo Testamento que Jesus baseou muito de sua abordagem para executar o seu plano. Ele tinha uma base de conhecimento sobre a qual fundamentar suas ações, e ele as executou brilhantemente. Para sermos bem-sucedidos, temos de fazer a mesma coisa.

Muitos jovens vêm à nossa empresa desejosos de ingressar no ramo da televisão. Neste campo de atuação, escrever é fundamental para tudo. Diz um axioma em nosso negócio: "Se primeiro você não puder colocar no papel, você não poderá colocar nada na tela". Entretanto, muitos jovens que vêm a nós não sabem direito nem mesmo os fundamentos da gramática elementar, o básico da linguagem. Eles não se prepararam. Portanto, jamais terão sucesso.

Jesus ensina-nos poderosamente a respeito do preparo, tanto através de seu próprio exemplo como pelo seu ensino. Muitas das parábolas que ele usou para explicar os seus princípios advertem-nos de que devemos estar bem preparados. Por exemplo, a parábola das dez virgens, quando as cinco néscias foram apanhadas sem azeite em suas lâmpadas no momento em que o noivo chegou, e assim perderam o casamento, ensina-nos a respeito do preparo adequado. Assim também é com a parábola dos servos que não desempenharam bem as tarefas que lhes foram atribuídas, e foram reprovados diante de seu senhor, após o seu regresso. Eles julgaram que o seu senhor estaria fora por um longo tempo, e assim gastaram todo o tempo e sofreram a ira do senhor quando este voltou inesperadamente.

Quer você esteja colocando o fundamento para uma carreira, ou lançando um produto, ou fazendo uma apresentação, nada substitui o preparo. Dê-lhe a atenção e o tempo necessários. Jesus assim o fez. Seu espantoso sucesso é um testemunho da importância disso.

PREPARO INADEQUADO PRODUZ RESULTADOS INADEQUADOS.

Escolha os Seus Próprios Colaboradores

Um dos maiores erros que as diretorias das empresas e agências de recrutamento cometem é o de selecionar um líder e em seguida o investirem de responsabilidade, deixando com ele uma equipe que não foi escolhida por ele. Na verdade não importa quão bom seja aquele pessoal. Se o líder não escolheu os seus colaboradores, e se *eles* também não o elegeram, as probabilidades de fracasso são enormes.

Se você quer que um gerente trabalhe para você, dê-lhe as ferramentas de que ele precisará para poder trabalhar. E lembre-se de que as ferramentas mais importantes de um executivo são as pessoas que trabalham com ele.

Se você deseja assumir um cargo de gerente ou executivo, um de seus pré-requisitos deve ser o direito de escolher os seus subordinados diretos. Se seus superiores não querem oferecer-lhe essa oportunidade, então talvez eles não o queiram o suficiente para valorizarem o tempo de sua permanência. Gerenciar já é uma tarefa bastante difícil, mesmo sem as dificuldades adicionais de uma equipe "medíocre". Já bastam as forças externas preparadas contra você, que não são fáceis de enfrentar. A última coisa de que você precisa é de uma equipe de "rejeitados", alguns dos quais, não há a menor dúvida, acham que deveriam ter sido escolhidos para exercer o seu cargo, e não você.

Se você está fazendo o recrutamento, não se dê ao trabalho de encontrar e atrair o melhor talento possível para depois "queimá-lo" com uma equipe que ele não quer, e vice-versa. Dê a seus gerentes a liberdade de escolherem o seu pessoal-chave e, de uma maneira bem ordenada, admitirem as pessoas certas para ocuparem o lugar das que estejam sendo demitidas.

Se você está sendo considerado para uma função executiva ou gerencial, não ponha a sua reputação em risco, bem como suas futuras oportunidades, concordando com uma posição em que você tenha de aceitar a equipe atual. Raramente isso funciona.

Jesus, naturalmente, escolheu os seus próprios discípulos e fez isso de maneira cuidadosa. É verdade que um dos doze o traiu, mas quem de nós teria a capacidade de escolher o empregado certo onze vezes em cada doze? Eu estaria em bem melhores condições hoje, teria tido um sucesso bem maior se tivesse esta capacidade! A história demonstra que Jesus fez um trabalho extraordinário ao selecionar a sua equipe. E se você entender bem o plano dele, saberá que até mesmo Judas, o traidor, fazia parte desse plano.

Lembre-se do exemplo que Jesus nos deu. Escolha seus subordinados diretos e permita que eles façam o mesmo. É a melhor maneira de aumentar as suas chances para o sucesso.

LEMBRE-SE DO EXEMPLO QUE JESUS NOS DEU. ESCOLHA SEUS SUBORDINADOS DIRETOS E PERMITA QUE ELES FAÇAM O MESMO.

Para Preencher um Cargo-Chave, Elimine todos os Obstáculos

Um dos erros mais graves que nossa empresa cometeu foi o de não ter feito todo o possível para recrutar um funcionário-chave para uma posição de destaque. Se tivéssemos olhado para Jesus e seguido o seu exemplo, não teríamos cometido esse erro.

Mesmo tendo aqueles doze homens valorosos (Matias tomou o lugar de Judas), ele viu a necessidade de acrescentar mais uma pessoa em sua organização. Alguém de alto nível. Dizer que ele fez todo o possível para poder dispor dessa pessoa, isso seria menos do que ele fez.

Quando Saulo de Tarso viajava por aquela estrada indo a Damasco, Jesus literalmente o arremessou ao solo e o cegou com uma luz do céu. Ele identificou-se e disse a Saulo, que depois veio a ser o grande apóstolo Paulo, o que ele teria que fazer. Isso é que é um recrutamento agressivo!

Penso que seguramente podemos dizer que o alistamento de Paulo à causa de Jesus é um dos recrutamentos mais brilhantes e bem-sucedidos nos anais da história da organização humana. Paulo tornou-se um executivo recrutador, um levantador de fundos para a organização, uma pessoa que abriu novos ramos e, o mais importante, um fiel e prolífico disseminador da mensagem da organização. Ele foi aquele que melhor contou a história de Jesus, com a maior freqüência e com o maior sucesso a mais pessoas do que qualquer outro. Por meio de suas grandes cartas, ele continua fazendo isso!

Paulo foi o derradeiro "homem-chave", e o seu "recrutamento" tem muitas lições para os que estão se dispondo a construir organizações nos dias de hoje.

Em primeiro lugar, quando há uma posição-chave a preencher, e você já identificou a pessoa certa para essa posição, *vá e contrate-a*. Não permita que as restrições normais de planos salariais, de formalidades, ou de procedimentos convencionais venham dissuadi-lo disso. Seja lá o que você fizer, tão-somente não pergunte a si mesmo: "Qual será o mínimo que eu poderei oferecer a esta pessoa, e ainda assim contratá-la?" Ao contrário, pergunte a si mesmo: "Qual será a melhor condição que poderei oferecer a esta pessoa, de forma a mostrar-lhe quanto a quero e necessito?" Você não pode cegar com uma luz do céu a pessoa que está sendo recrutada, mas poderá e deverá ofuscá-la com o que você *pode* lhe oferecer. Quando se trata de uma posição-chave, e a pessoa é precisamente aquela pessoa certa para exercê-la, vá a plena velocidade. Contrate para si tal homem ou mulher.

Em segundo lugar, não desconsidere uma pessoa-chave por causa de uma inquietante preocupação quanto ao que os seus atuais empregados vão pensar. Nossa empresa algumas vezes cometeu o erro de não ir atrás de um executivo de alto nível porque sabíamos que para trazê-lo teria que ser num nível acima de todo o nosso pessoal, e tínhamos receio de que este procedimento pudesse ofendê-los. Esta é uma forma de pensamento contraproducente. A decisão que a Chrysler tomou, quando trouxe Lee Iacocca para dirigir a companhia, foi a melhor coisa não somente para a empresa mas também para os executivos que foram deixados de lado no preenchimento daquele cargo. Iacocca salvou a Chrysler e tornou todas as pessoas associadas à companhia mais bem-sucedidas.

Todos os primeiros discípulos de Jesus, particularmente Pedro, Tiago e João, que estavam com ele desde o princípio de seu ministério e que chegaram a ter certo cuidado com a sua própria posição, bem que poderiam ter se ressentido, tanto com a maneira pela qual Paulo foi recrutado, como pelo status quase que imediato que ele alcançou dentro da organização da Igreja primitiva. Os discípulos tinham passado três duros anos com Jesus, viajando pelas estradas poeirentas da Palestina, dormindo onde quer que se encontrassem, e experimentado a cruciante prova da prisão, julgamento e crucificação de Jesus. Bem que eles poderiam ter dito: "Ninguém em tempo algum veio até *nós* com uma luz do céu. De qualquer modo, quem é este indivíduo chamado Paulo?"

Contudo eles não agiram desse modo, provavelmente porque o chamado de Jesus, "vinde após mim", lhes foi assim tão impressionante e precioso como uma ofuscante luz do céu. (Este é então um outro princípio de administração que temos que aprender de Jesus: Adapte os métodos de recrutamento à pessoa que pretende atrair. Um simples "vinde" foi suficiente para Pedro, um simples pescador junto ao Mar da Galiléia. Mas o orgulhoso, graduado e farisaico Saulo tinha que ser jogado por terra por uma luz do céu.)

Depois de alguma suspeita, tendo passado pelo teste, Paulo foi totalmente integrado à organização.

Repito, quando há uma posição crucial a ser preenchida, faça o que for necessário, de um modo honrado, para preenchê-la com a melhor pessoa.

Em terceiro lugar, Jesus nos ensinou a não ignorarmos nossos concorrentes na busca da melhor pessoa. Paulo era o mais enérgico, o mais loquaz, o mais temido e o mais eficiente dentre aqueles arregimentados contra a recém-criada organização estabelecida por Jesus. Ele era, de fato, seu principal concorrente. Jesus o recrutou e fez dele um homem-chave dentro da organização.

Quando você admite uma pessoa qualificada que veio de um concorrente, você realiza duas coisas: você fortalece a sua organização e você enfraquece a concorrência. Com Paulo na Igreja, ele não era mais uma ameaça à Igreja. Jesus foi um brilhante estrategista organizacional. Aprenda com ele.

QUANDO SE TRATA DE UMA POSIÇÃO-CHAVE, E A PESSOA É PRECISAMENTE AQUELA PESSOA CERTA PARA EXERCÊ-LA, VÁ A TODA VELOCIDADE. CONTRATE PARA SI TAL HOMEM OU MULHER.

Ensine, Ensine, Ensine

Um anúncio público tem os seguintes dizeres: "Seja um professor. Seja um herói." Também diríamos a cada executivo empresarial: "Seja um professor. Seja um sucesso." Muitos dos grandes empresários, de Henry Ford a Tom Watson e a Ross Perot, foram professores persistentes e incentivadores. Provavelmente receberam a sua inspiração de Jesus Cristo, o maior de todos os professores.

Jesus freqüentemente era chamado de *rabi*, que significa mestre, e ele estava sempre ensinando. O brilho do seu ensino revela-se nos evangelhos de Mateus, Marcos, Lucas e João, os quais estão cheios de suas notáveis revelações. Sua habilidade como professor também se demonstra pelo sucesso de seus alunos, de seus discípulos, à medida em que eles executavam os seus programas e planos de trabalho.

Os grandes líderes empresariais não se escondem em luxuosos conjuntos residenciais, fazendo planos secretos de suas estratégias. Eles descobrem meios de ensinar, de inculcar naqueles que estão ao seu redor suas idéias empresariais e grandes ideais. Seja como Jesus. Seja um professor. Seja um sucesso.

SEJA COMO JESUS. SEJA UM PROFESSOR. SEJA UM SUCESSO.

Dirija-se a Cada Um, em Particular

Jesus ensinou em todas as situações. Ele falou a grandes multidões, aos presentes em jantares festivos, a grupos eclesiásticos (das sinagogas). Entretanto, o seu ensino mais importante e significativo foi reservado a pequenos grupos, particularmente àqueles que eram seus amigos mais chegados e que conviviam com ele em maior intimidade: Pedro, Tiago e João. Quando desejava ter certeza de que tinha sido bem entendido, Jesus dirigia-se a cada um, individualmente.

O irmão de Jesus, Tiago (não o discípulo), tinha uma grande e compreensível dificuldade para aceitar a divindade de Jesus, até que os dois passaram algum tempo juntos. Depois disso, Tiago tornou-se líder e dirigiu as atividades da organização de Jesus em Jerusalém. Possivelmente Tiago acabou sendo sentenciado à morte por crer em Jesus. *Isso* é que é um ensino eficaz!

É importante que os líderes empresariais dediquem tempo com qualidade a seus colaboradores diretos, instruindo-os também com qualidade. Isso renderá grandes dividendos aos que assim procedem.

QUANDO DESEJAVA TER CERTEZA DE QUE TINHA SIDO BEM ENTENDIDO, JESUS DIRIGIA-SE A CADA UM, INDIVIDUALMENTE.

Estabeleça Autoridade

Jesus não dirigia uma organização democrática. Ele nunca chamou os seus discípulos para votar quanto ao que deveriam fazer. Ele assumiu a responsabilidade. Jesus baseava a sua autoridade nas Escrituras e na comissão que recebera de seu Pai. De fato ele submetia-se a uma autoridade "maior": "Não se faça a minha vontade, e, sim, a tua" (Lucas 22:42).

Mesmo hoje, quando a liderança não autoritária é louvada em toda parte, é importante que notemos que nenhuma organização bem-sucedida é construída ou mantida sem uma forte e superior autoridade. Pergunte a qualquer grande líder empresarial. Será que se tinha qualquer dúvida quanto a quem mandava de fato na Chrysler, quando Iaccoca era presidente, o mesmo acontecendo com Watson na IBM, com Perot na EDS, com Buffet na Berkshire Hathaway ?! Alguém tinha alguma dúvida sobre quem estava no comando da Wal-Mart? Você pode pôr a sua mão no fogo que era Sam Walton! Todos esses homens dirigiram suas companhias com pulso forte.

A tomada de decisões pelo processo participativo pode ser válida até certo ponto, mas desde que haja uma autoridade real, superior, final, no topo da organização, que a valide. Esteja certo de que não há qualquer dúvida sobre até que ponto vai o limite de autoridade de uma pessoa para outra, em sua estrutura organizacional. Conheça a extensão da sua autoridade e exerça-a. Estabeleça e mantenha uma cadeia de autoridade em sua empresa.

CONHEÇA A EXTENSÃO DA SUA AUTORIDADE E EXERÇA-A.

Insista nos Absolutos

De autoridades pomposas e de teóricos exibicionistas, que nunca tiveram uma folha de pagamentos sob sua responsabilidade, deles temos ouvido que não é politicamente correto insistir em absolutos. "Da verdade à justiça," dizem eles, "todas as coisas são relativas; o que importa é o que sentimos." Afirmam ainda que "dois pensamentos diametralmente opostos podem ser verdadeiros, porque não há uma verdade absoluta".

Por favor, não tente dirigir o seu negócio com tal contra-senso. Jesus insistiu em dizer que certas coisas são verdadeiras e outras falsas, que algumas são corretas e outras erradas, que algumas são boas e outras más. Ele ainda insistiu em que existe apenas um único caminho para sermos reconciliados com Deus, e este caminho é mediante a fé nele. Que palavra dura! Quão dogmático ele foi! Mas Jesus nunca se equivocou. A sinceridade nada valia para ele, caso você cresse com toda a sinceridade em algo errado.

A falta de absolutos pode levar-nos a todos os tipos de problemas empresariais, de pequenos furtos a grandes crimes. Pode levar a produtos inferiores e a práticas enganosas no mercado. "Eu não pensei que estivesse fazendo algo errado" é uma desculpa comum e freqüente, em situações do tipo manipulação de estoques, ou até de adição de mais nicotina a cigarros já letais, ou ainda da construção de carros com tanques de combustível perigosos.

Tanto em sua empresa como individualmente, na condição de executivo, ensine o modo certo, insista no modo correto, seja um exemplo do modo certo de fazer negócios. Siga o exemplo de Jesus.

A FALTA DE ABSOLUTOS PODE LEVAR-NOS A TODOS OS TIPOS DE PROBLEMAS EMPRESARIAIS, DE PEQUENOS FURTOS A GRANDES CRIMES. PODE LEVAR A PRODUTOS INFERIORES E A *PRÁTICAS ENGANADORAS NO MERCADO.*

Cuide de Sua Programação

Como era de se esperar, Jesus programava com perfeição o tempo certo para suas ações. Nada acontecia por acaso, e tudo sempre tinha um propósito. Por ter sido sua programação sempre tão primorosa, cada evento em particular teve um grande impacto.

Não foi acidentalmente que ele planejou o seu primeiro milagre público para acontecer em um casamento, dando assim sua aprovação para o matrimônio, e enfatizando sua importância. A programação de sua entrada triunfal em Jerusalém e sua subseqüente crucificação e ressurreição, que ocorreram durante a celebração da páscoa, foi uma das mais brilhantes estratégias de todos os tempos.

Durante a páscoa, judeus de todas as nações vieram a Jerusalém. Ali testemunharam os surpreendentes eventos que de imediato envolveram a pessoa de Jesus. Mais importante ainda, muitos convenceram-se de seus pecados pela inspirada e apelativa pregação de Pedro, e voltaram para suas terras-natal convertidos. Assim, quando Paulo e outros apóstolos passaram a se espalhar a partir de Jerusalém por todas as direções para pregar a palavra, encontraram aliados que os aguardavam e que lhes deram boas-vindas. Eles não tiveram que começar do zero na construção das organizações locais. Brilhante programação. Resultados tremendos!

A programação de ações deve ser sempre considerada em seu planejamento empresarial. Maiores anúncios devem ser programados para darem o maior impacto. Novos produtos devem ser lançados na hora mais oportuna. Quando apropriado, vincule-os a datas importantes e a feriados.

Considere que a programação também deve ser feita de forma a estabelecer o momento certo para se permitir a divulgação de inevitáveis más notícias que toda organização enfrenta de vez em quando. Quando você vai permitir sua divulgação pública, em condições de minimizar o seu custo para a imagem da empresa?

Fazer tudo a tempo certo foi a chave do sucesso de Jesus. Isso pode acontecer também com você.

POR TER SIDO SUA PROGRAMAÇÃO TÃO PRIMOROSA, *CADA EVENTO EM PARTICULAR TEVE UM GRANDE IMPACTO.*

Enfrente a Corrupção Imediatamente

O conhecido investidor e presidente da Berkshire Hathaway, Warren Buffet, criticou mais a lentidão com que agiram na Solomon Brothers em face do escândalo ocorrido com os títulos da companhia, do que com o escândalo em si. Evidentemente a alta administração sabia do problema há algum tempo, antes de tomar a necessária ação corretiva. A espera quase lhes custou a companhia e agravou em muito o prejuízo.

A administração da Kidder Peabody, uma tradicional casa de investimentos, quase cometeu o mesmo erro, pois deixou de agir com firmeza assim que soube da ocorrência de atividades ilegais dentro da própria empresa. A Kidder talvez nunca mais venha a ser como antes.

As gerências dessas duas empresas teriam lucrado muito se tivessem visto o exemplo de Jesus, quando ele lidou com os cambistas no templo, em Jerusalém. Assim que constatou as atividades daqueles extorsionários e agiotas na casa de Deus, não convocou nenhuma comissão para tratar do assunto. Ele não pôs o problema na agenda para a próxima reunião da diretoria. Ele não chamou renomados doutores para discutir o melhor meio de tratar da situação. Nada disso. Imediatamente, e com toda a energia, pôs para fora aqueles impostores. Esta é uma poderosa lição para todos os executivos.

Nem sempre temos agido deste modo em nossa empresa. Freqüentemente temos esperado muito, perdendo tempo, indo de um lado para outro, arrastando os pés, com as mãos enfiadas nos bolsos, mesmo depois de termos sido informados com clara e incontestável evidência de que "há pessoas desonestas fazendo coisas erradas" em nossa empresa. Quase sempre podíamos, e certamente deveríamos ter agido com mais rapidez, e teríamos obtido resultados bem mais positivos.

O exemplo de Jesus é muito forte. Quando houver uma clara e incontestável evidência de corrupção na empresa, mova-se imediatamente para enfrentá-la. Nunca, jamais tente encobri-la. Isso não funciona, e aqueles que participam do processo de encobrir os erros em geral são tratados mais duramente do que os seus originais perpetradores. O primeiro reflexo é quase sempre ver se o problema pode ser corrigido sem uma ação forte e rápida. Isto normalmente desserve a nós e à nossa organização.

Agora, agir com pulso e rapidez não significa agir precipitadamente. A decisão de Jesus de tirar os vendilhões do templo não se baseou em boatos nem em infundados relatórios. Ele sabia o que estava acontecendo. Ele viu. Recolha os fatos e, em seguida, aja! Não adie sua ação. Acabe com o problema, acabe com o mal pela raiz e vá em frente.

QUANDO HOUVER UMA CLARA E INCONTESTÁVEL EVIDÊNCIA DE CORRUPÇÃO NA EMPRESA, MOVA-SE IMEDIATAMENTE PARA ENFRENTÁ-LA. NUNCA, JAMAIS TENTE ENCOBRI-LA.

Não Doure a Pílula

Jesus falou muitas vezes a seus discípulos sobre os dias difíceis que ele e eles enfrentariam em futuro próximo. Ele não lhes prometeu um caminho fácil.

Expectativas irrealistas prejudicam a moral do empregado, talvez tanto quanto qualquer circunstância negativa que você possa imaginar. Isto é quase sempre citado quando um trabalhador cai num desânimo improdutivo, ou deixa a empresa. "Eu pensei que ia ser diferente"; "disseram-me que o meu serviço era para fazer outras coisas"— essas são as declarações mais ouvidas nas entrevistas de demissão. A maioria das pessoas pode enfrentar qualquer situação se tiver sido preparada para enfrentá-la sem que nada lhe tenha sido encoberto.

Quando você estiver por recrutar um novo e desejável empregado, você pode ficar tentado a pintar-lhe um quadro do emprego e de sua empresa bastante fascinante. Jamais faça isso. Obviamente você deve informar-lhe sobre o cargo e a empresa da melhor maneira possível, com um enfoque *honesto* e *realista*, mas não extrapole as condições reais. Não exagere. Não prometa o que você não poderá cumprir. Talvez você consiga mais facilmente novos empregados se colocar óculos cor-de-rosa nos candidatos, mas depressa os perderá quando a realidade escurecer as lentes.

Certamente você deve deixar que funcionários, que tenham a perspectiva de promoção, saibam qual o estágio superior, mas eles devem ficar sabendo também, tanto quanto possível, o que lhes será requerido para alcançar e gozar o sucesso naquela posição. Aqueles que você realmente quer ter ou manter consigo apreciarão o seu desafio e a sua honestidade.

Faça com que os seus colaboradores saibam exatamente o que está à frente deles. Se forem muitas horas extras, muitas viagens, contenção de gastos, faça-os saber. Dê a eles a oportunidade de aceitarem o desafio de enfrentar tempos difíceis. Dirija-os ao futuro mantendo-os de olhos bem abertos, prontos a enfrentarem o que estiver pela frente.

FAÇA COM QUE OS SEUS COLABORADORES SAIBAM EXATAMENTE O QUE ESTÁ À FRENTE DELES.

Deixe Tudo e Descanse

Apesar de tudo o que Jesus tinha para realizar durante a sua curta permanência na terra, ele ainda dedicava um bom tempo para descansar.

Ele fazia questão de ter um tempo a sós para oração e reflexão. Ele tinha hora para dormir. Houve ocasiões em que todos os discípulos estavam acordados, mas Jesus dormia.

Como sempre, Jesus é um grande exemplo para nós. Talvez nos pareça ser politicamente uma postura inteligente, até mesmo uma postura "de macho" ser visto como alguém que é dinâmico, que nunca pára para descansar, que nunca reserva um tempo para si. Mas um executivo bem descansado sempre faz mais do que um cansado e estressado. Tire férias, férias de verdade, férias em que você realmente se desligue do escritório.

Meu amigo e sócio, Donald Dell, um dos bem conhecidos executivos de nossa indústria, possuidor de grande energia e muito trabalhador, sempre programa algumas semanas, espaçadas durante o ano, quando ele verdadeiramente foge de tudo. Para remover até mesmo a tentação de verificar como estão as contas, ele vai a lugares onde não há telefones. E volta renovado, com uma nova disposição, pronto a entrar em ação com toda *garra* e prazer. Ele aprendeu os benefícios deste modo de agir como jogador de tênis internacional, capitão do time dos Estados Unidos na Copa Davis, e veterano das sessões de negociação das maratonas.

Assim como é importante para você deixar tudo para descansar, é também igualmente importante para seus subordinados. Um executivo sábio vai assegurar-se de que a disposição que os seus empregados possam ter para agradar, para progredir, ou mesmo para fazer um só negócio a mais não faça com que, pelo muito esforço, tenham uma estafa. Se os diretores da Fidelity tivessem insistido para que Peter Lynch reservasse um pouco mais de tempo para descansar, talvez ele ainda estivesse operando com eles, ganhando para aquela empresa milhares de dólares. Lynch foi um surpreendente fenômeno como homem de negócios, que levantou o fundo mútuo Magellan da Fidelity, tornando-o um dos maiores e mais bem-sucedidos da história, antes de interromper sua carreira, vítima prematura de um colapso.

Jesus deu valor ao tempo de descanso, o tempo a sós. Você deve fazer o mesmo.

TIRE FÉRIAS, FÉRIAS DE VERDADE, FÉRIAS EM QUE VOCÊ *REALMENTE SE DESLIGUE DO ESCRITÓRIO.*

Teste o Seu Pessoal

Se é que o seu pessoal vai fazer o melhor que puder para você e para a empresa, e se você também pretende fazer o seu melhor para ele (o que deve ser inclusive um de seus alvos gerenciais), de vez em quando você terá que permitir que seus funcionários testem a si mesmos no campo de atuação da empresa, mas longe de sua presença e de sua supervisão. Dê-lhes tarefas específicas, e deixe que as executem. Se você os treinou bem, e concedeu-lhes instruções claras e precisas, estes momentos serão próprios para o aprendizado e crescimento, bem como uma oportunidade para o progresso do seu empreendimento.

Jesus fez isto e obteve grande resultado quando enviou os doze apóstolos uma vez, e setenta discípulos em outra ocasião. Ele os enviou de dois em dois, o que também é uma técnica que deveríamos considerar. Ele lhes deu instruções bem específicas quanto ao que fazer e preveniu-os das adversidades que encontrariam. Aqui há também princípios importantes que devemos aprender. Jamais seja vago ou genérico ao conferir responsabilidades. Seja tão específico quanto a situação permitir. Compartilhe também com o seu pessoal tudo o que for de seu conhecimento com respeito às dificuldades que ele encontrará pela frente. Solte-o com o melhor preparo possível. Jesus fez isso.

Quando os setenta regressaram a Jesus, dizem as Escrituras que retornaram "possuídos de alegria" (Lucas 10:17). Eles descobriram lá por onde passaram, lá com os seus adversários, lá onde não tinham nenhuma supervisão, que o que tinham "funcionava"! E Jesus, seu mestre e líder, ficou tão emocionado pelo que eles tinham feito que, conforme declara a Bíblia, exultou de satisfação. Os discípulos não foram mais os mesmos depois disso. No entanto, eles ainda tinham lições a aprender e crescimento a experimentar, mas aquela experiência no campo, longe do "local de trabalho", foi de grande valia.

ELES AINDA TINHAM LIÇÕES A APRENDER E CRESCIMENTO A EXPERIMENTAR, MAS AQUELA EXPERIÊNCIA NO CAMPO, LONGE DO "LOCAL DE TRABALHO", FOI DE GRANDE VALIA.

Pratique Boas Relações Públicas

Meu amigo de longa data e sócio empresarial, Donald Dell, foi um cabo eleitoral e representante do senador Robert F. Kennedy, durante sua campanha presidencial, tragicamente interrompida quando Kennedy foi assassinado. Donald ensinou-me bastante a respeito do que um bom cabo eleitoral faz para abrir caminho àquele para quem trabalha. O mais bem-sucedido preparador de caminhos, e modelo para todos nós, foi João Batista.

João Batista foi um grande homem, pois sabia qual era o seu papel. Sua declaração: "Convém que ele (Jesus) cresça e que eu diminua" (João 3:30) deve ser o lema de todos os que fazem relações públicas. Muitos desses profissionais passam a achar que eles são estrelas, no lugar do empreendimento que representam e de seus executivos, que de fato são as estrelas.

João Batista também foi excelente no uso de palavras. Ele pronunciou algumas das maiores e mais profundas expressões de toda a Escritura. Tenha também alguém que fale bem, que fale a história da sua empresa.

João Batista também foi excelente na programação do seu tempo. Ele foi para os lugares certos nas horas certas. Isto é obrigatório na vida de um relações-públicas de primeira categoria. Aquele que sempre se atrasa, que não cumpre prazos, que não atenta para horários e para a presteza na informação de novas notícias, e que é incapaz de aproveitar oportunidades, não é apto para desenvolver suas relações públicas e sua publicidade.

João Batista demonstrou que uma boa, sólida e *verdadeira* atividade de relações públicas vale a pena, e é uma tarefa honrosa. Em nossos dias a função de relações públicas tem tido às vezes uma má conotação por aqueles que a vêem como uma função estreita e até mesmo criadora de fantasiosas e desonestas promoções. Mas, assim como João Batista exerceu-a para Jesus, e assim como você a deve considerar em seu negócio, relações públicas é uma atividade valiosa que, quando praticada com dignidade, é útil para todos .

Você precisa contar a sua história. Sua empresa necessita apresentar a história dela e a de seus produtos e serviços. Faça isso muito bem. Tome muito cuidado na seleção daquele que vai representá-lo junto a diversos públicos.

João Batista foi, sem dúvida, o desbravador mais cuidadosamente escolhido de todos os tempos. Ele foi concebido e nasceu para exercer essa função. Você e sua empresa também devem encarar com todo o cuidado a seleção dos que vão contar a história dela. Estabeleça um alto padrão para eles. A verdade deve ser sempre prioritária em qualquer atividade de relações públicas. Seu pessoal deve falar sempre a verdade, e muito bem, no tempo certo, e assim haverá benefícios para você e para a sua empresa. Que todos aprendam com João Batista.

VOCÊ PRECISA CONTAR A SUA HISTÓRIA. SUA EMPRESA NECESSITA APRESENTAR A HISTÓRIA DELA E A DE SEUS PRODUTOS E SERVIÇOS. FAÇA ISSO MUITO BEM.

Obtenha um Bom Suporte Logístico

Um conceito errado que muitas pessoas possuem, e que eu tive por muitos anos, é que Jesus viajou pela Palestina, executando o seu plano, com apenas um pequeno número de seguidores. Isto não é verdade. Uma leitura cuidadosa dos evangelhos revela que um significante número de pessoas acompanhava-o constantemente. Como vimos anteriormente, em uma certa ocasião ele enviou setenta homens, de dois em dois, para testá-los no campo. Não há razão para pensarmos que os setenta incluíssem todos os que estavam com ele naquele tempo. Deve ter havido muito mais gente acompanhando-o.

Várias passagens nas Escrituras referem-se a "muitas mulheres" que estavam na companhia de Jesus, e que viajavam com ele desde Jerusalém, até a sua morte na cruz. Sabemos de outra passagem que havia 120 de seus seguidores reunidos em uma grande sala.

Bem, Jesus devotava a maior parte de seu tempo ao ensino, fazendo apenas o trabalho essencial que somente ele podia realizar. Nenhuma vez o vemos ocupado com o enorme trabalho logístico que foi necessário para atender às necessidades dos que estavam com ele.

Isto, naturalmente, é um prato feito de muitas lições para nós. Em primeiro lugar, é absolutamente essencial que os executivos e gerentes não se atolem com detalhes logísticos. Conheço o presidente de uma empresa multinacional que se deixou envolver com a escolha de cadeiras para as secretárias, com a designação de espaço no escritório para pessoas de baixo nível hierárquico, e com outras minúcias. Isto não só confundiu os empregados, mas também tirou o seu tempo de fazer o que só *ele* sabia fazer.

Jesus jamais se envolveu com pequenos detalhes. Ele usou os discípulos para isso. Jesus fez o que somente ele podia fazer.

Não caia na armadilha de tratar de pequenos detalhes. Certifique-se de que você está tão livre quanto possível para realizar o que somente você pode fazer, as coisas para as quais foi contratado, e pelas quais será avaliado.

CERTIFIQUE-SE DE QUE VOCÊ ESTÁ TÃO LIVRE QUANTO POSSÍVEL PARA REALIZAR O QUE SOMENTE VOCÊ PODE FAZER, AS COISAS PARA AS QUAIS FOI CONTRATADO, E PELAS QUAIS SERÁ AVALIADO.

Aprenda um Pouco de Humildade

A imagem de alguém intolerável e arrogante que os executivos têm está bem próxima da realidade, para o meu desprazer. Em minha própria carreira, tenho visto incríveis exemplos de arrogância da parte de homens de negócios de alto nível. Tenho certeza de que eu mesmo impropriamente já demonstrei um pouco disso.

Tenho visto esta arrogância voltar-se contra aqueles que acreditavam em sua própria invulnerabilidade. Quando este livro estava sendo escrito, um famoso déspota da indústria editorial, depois de alguns anos de abuso de seus subordinados e dos menos favorecidos em sua empresa, finalmente obteve o que merecia. Um dia seus chefes (afinal, todo o mundo tem um chefe) ficaram irritados com a sua arrogância e o demitiram sumariamente. Como disse o *Wall Street Journal*: "Ele ainda não entendeu..." A empresa desse executivo estava ganhando muito dinheiro. Davam-lhe muita importância em alguns setores da empresa, mas a sua arrogância apanhou-o. Agora ele é apenas uma página virada.

Saiba que mesmo num negócio tão volátil como o da televisão, até mesmo os executivos da alta administração reconhecem a precariedade de suas posições. Por estar neste ramo há tantos anos, já vi muitos de seus executivos subirem ao poder, ficarem hipnotizados pela influência recebida, tornarem-se por demais arrogantes, e então caírem, quando as inevitáveis mudanças os atingem. Meu sócio e eu costumávamos ter uma lista dos que não respondiam aos nossos chamados quando estavam por cima, mas que passaram a chamar-nos, aflitos, quando eram removidos e estavam à procura de amigos.

Não caia na armadilha da arrogância. Ela não é somente intolerável, ela é um mau negócio. Um meio de combatê-la é manter em sua mente aquela cena da vida de Jesus Cristo, quando ele, sendo o perfeito Filho de Deus, ajoelhou-se diante de homens humildes, seus discípulos, e lavou os pés deles. Com esta cena em mente é difícil ser arrogante.

NÃO CAIA NA ARMADILHA DA ARROGÂNCIA. ELA NÃO SOMENTE É INTOLERÁVEL, ELA É UM MAU NEGÓCIO.

Não Retenha Toda a Glória Para Si

Para mim acham-se entre as passagens mais comoventes e impressionantes dos evangelhos aquelas em que Jesus louva João Batista. Jesus foi pródigo no elogio público que deu àquele seu servo devotado. João Batista possivelmente foi martirizado por causa de sua devoção a Jesus.

Eu era membro do conselho de administração de uma faculdade da qual o seu reitor não era um brilhante acadêmico ou administrador, mas que teve um dos mais bem-sucedidos mandatos na história da instituição. Penso que uma das razões, talvez a principal pela qual ele foi tão bem-sucedido, era que o seu corpo docente e os seus funcionários faziam de tudo por ele; enfrentavam de tudo para satisfazê-lo. E uma das razões para que agissem assim era que ele constantemente lhes dava todo o crédito. Ele procurava meios de elogiá-los. Em cada reunião do conselho e na maior parte dos encontros públicos ele não deixava de louvar o seu pessoal, e então eles não deixavam de andar a segunda milha por ele. Isso era bom para todos.

Lembre-se de Jesus e João Batista. Elogie os que trabalham para você. Faça isso publicamente. É um bom negócio.

ELOGIE OS QUE TRABALHAM PARA VOCÊ. FAÇA ISSO PUBLICAMENTE.

Saiba Dizer "Obrigado"

Jack Nicklauss, o grande jogador de golfe, distinguiu-se por sempre dizer "obrigado". Isso começou lá pelos primeiros dias de sua carreira, quando ele ficava em lares particulares durante os torneios. Algumas pessoas ainda apreciam a nota de agradecimentos que ele lhes escrevera naqueles dias. Quando ele se tornou uma superestrela do golfe e dos negócios, Nicklauss não deixou de aproveitar todas as oportunidades para expressar o seu agradecimento, e isso rendeu-lhe muitos bônus em diversas ocasiões.

Você sabe que Jesus sempre deu graças pelo alimento antes de comer. Ele agradeceu profundamente a seu Pai pelo poder que os seus discípulos demonstraram quando os enviou de dois em dois. Sua apreciação pela demonstração de amor dado por aquela mulher, que lhe banhou a cabeça com um bálsamo caríssimo e lavou-lhe os pés com suas lágrimas, é um outro grande exemplo de sua gratidão.

Em negócios, e em tudo na vida, é impossível dizer "obrigado" em todas as ocasiões. Mas faça como Jesus. Agradeça com freqüência.

EM NEGÓCIOS, E EM TUDO NA VIDA, É IMPOSSÍVEL DIZER "OBRIGADO" EM TODAS AS OCASIÕES.

Não Se Isole das Pessoas ao Seu Redor

Jesus lidou com vidas em todos os níveis da sociedade. Ele discursou diante de diversos líderes sociais de seus dias, mas escolheu alguns dos homens mais humildes para serem seus colaboradores mais próximos. Eram pessoas de todas as classes com quem Jesus viajava, falava a respeito do reino de Deus, e a quem servia.

Executivos e empresários devem fazer todo o possível para não perderem o contato com as pessoas ao seu redor, que enfrentam a realidade da vida. Quanto mais alto você subir na organização, maior é a possibilidade de isolar-se.

Quando a nossa empresa começou com uma campanha para promover o tênis profissional, um dos investidores era um jovem, muito rico, de Dallas. Discutíamos com ele a programação dos eventos promocionais e pareceu-nos que o mês de agosto seria a época ideal para a realização de um evento em Dallas. Mas ele foi muito cético e disse: "Não há ninguém em Dallas no mês de agosto, todo o mundo vai para a Europa em agosto".

Acontece que eu tinha vivido em Dallas a maior parte da minha vida e nunca fui à Europa em agosto. Dallas parecia-me tão cheia de gente em agosto como em qualquer outra ocasião. Mas para aquele jovem, porque ele ia com os seus amigos à Europa sempre no verão, retornando apenas na primavera, "todo o mundo vai para a Europa em agosto".

Não se isole da realidade. Mantenha contato com as pessoas ao seu redor. Elas são os seus clientes e empregados. Jesus agiu assim. Você deve fazer o mesmo.

EXECUTIVOS E EMPRESÁRIOS DEVEM FAZER TODO O POSSÍVEL PARA NÃO PERDEREM O CONTATO COM AS PESSOAS AO SEU REDOR, QUE ENFRENTAM A REALIDADE DA VIDA.

Não Negligencie o Falar em Público

Jesus de fato foi um grande orador público. Ele atraía grandes multidões em toda parte por onde passava. O seu Sermão do Monte teria que figurar em qualquer relação que fosse feita dos grandes discursos da humanidade. É um clássico em beleza poética e em seu poderoso conteúdo.

Os executivos, de maneira geral, têm a reputação de serem oradores desinteressantes, fatigantes e cansativos, o que às vezes é até verdade. Isso ocorre tanto quando falam ao pessoal interno como quando se dirigem ao público externo. Muitos falham no uso dos recursos que sua posição lhes confere, tanto para receberem inspiração quanto ao que dizer, como mesmo para bem informarem as pessoas. Em vez disso, usam com freqüência um linguajar ultrapassado, muito pesado, sem vida e sem entusiasmo. Isto é um erro. Por causa de suas posições, as pessoas de destaque no mundo dos negócios muitas vezes têm audiências cativas. Tais pessoas chegam a pensar que os que vieram ouvi-las só por isso vão ficar fascinados por suas apresentações, mesmo quando o discurso é rotineiro e desinteressante.

Não caia nesta armadilha. Descubra você mesmo alguém, em seu nível, que esteja disposto e seja capaz de honestamente criticar os seus desempenhos. Contrate um consultor externo, se necessário. Assegure-se de que ele sabe que você deseja *melhorar* e jamais ser *bajulado*. Assegure-se de que as suas oportunidades para falar em público não sejam desperdiçadas por sua empresa, ou por *você mesmo*.

MUITOS FALHAM NO USO DOS RECURSOS QUE SUA POSIÇÃO LHES CONFERE, TANTO PARA RECEBEREM INSPIRAÇÃO QUANTO AO QUE DIZER, COMO MESMO PARA BEM INFORMAREM AS PESSOAS.

Corte as Suas Perdas

Em várias ocasiões os evangelhos contam que Jesus deixou um lugar em que ele sabia não ser bem-vindo, como aconteceu em Gedara, onde as pessoas pediram-lhe que fosse embora, e ele as atendeu de imediato. Ele instruiu os seus discípulos a fazerem o mesmo. Deveriam abandonar cada localidade que não os recebesse bem, e "sacudir o pó" de seus pés.

Isto nos dá uma dica valiosa para o nosso negócio: não deixe que o orgulho ou a teimosia o prendam a um mercado ao qual você não pertence, ou a um produto que não vai sobreviver, ou a uma aliança comercial que não vai dar certo.

Em nossa própria empresa aprendemos esta lição da maneira mais difícil, que nos custou muito dinheiro. Custou-me também todo o esforço despendido, que poderia ter sido aplicado em áreas promissoras, áreas em que poderíamos ter tido muito melhores resultados se tivéssemos cortado nossas perdas em negócios em si mesmos não bons e investido aquele tempo e dinheiro nas áreas rentáveis.

Isto não significa desistir e abandonar tudo ao primeiro sinal de problemas ou dificuldades. É analisar cuidadosamente toda situação em que há perdas e assegurar-se de que você não está se recusando a interrompê-la por razões de obstinação ou orgulho.

Corte suas perdas. Jesus agiu assim.

NÃO DEIXE QUE O ORGULHO OU A TEIMOSIA O PRENDAM A UM MERCADO AO QUAL VOCÊ NÃO PERTENCE.

Aprenda a Repreender

Repreender é uma palavra que não está em moda. Não a ouvimos muito, nem a usamos muito na sociedade atual. No entanto, há ocasiões em que uma boa repreensão, ou "disciplina", como nos tempos antigos, é a medida acertada. Uma repreensão precisa ser usada, obviamente, com muito cuidado e bom senso, mas há ocasiões em que ela é de fato necessária.

Jesus efetivamente mostrou-nos como repreender. Ele reservou suas repreensões mais severas para os intoleráveis, arrogantes e orgulhosos fariseus. Mas também, surpreendentemente, ele também repreendeu os seus mais chegados discípulos, quando eles demonstraram orgulho e arrogância.

Para nossos propósitos, é melhor concentrarmos a nossa atenção nas repreensões que Jesus fez a seus discípulos. A primeira e mais óbvia lição é que, de vez em quando, até os mais próximos de nós nos negócios poderão necessitar de uma repreensão. Como aconteceu com Jesus e sua equipe, assim também freqüentemente deverá acontecer conosco quando o orgulho e a arrogância se interpuserem no caminho de bons alvos e objetivos.

Quando o meu sócio e eu olhamos para trás e avaliamos longas carreiras profissionais, contemplamos situações em que poderíamos ter contribuído para a nossa empresa *e* ajudado nossos empregados com uma severa repreensão, nos moldes antigos. Lembramo-nos de situações em que devíamos ter parado subitamente com as ações de alguém que tinha saído da linha. Nessas ocasiões a arrogância e os compromissos pessoais cresciam até um ponto em que por fim uma ação corretiva era necessária, e teve que ser muito mais severa do que teria sido caso tivéssemos aplicado anteriormente uma repreensão bem conveniente, assim que o problema surgiu.

Muito freqüentemente vimos os mesmos empregados indo para fracassos semelhantes em outras situações. Devíamos ter ajudado essas pessoas e a nós mesmos com uma imediata e corretiva repreensão.

Outra importante lição que aprendemos sobre as admoestações de Jesus é que elas jamais geram deslealdade. Nem um dos discípulos que Jesus repreendeu abandonou-o depois. Até mesmo Pedro, a quem Jesus disse: "Arreda! Satanás" (Mateus 16:23, a mais severa repreensão que eu consigo imaginar), jamais o deixou. De fato, aqueles a quem Jesus censurou mais severamente tornaram-se os mais bem-sucedidos em suas vidas.

A lição para nós é que Jesus construíra um tipo de relacionamento com os seus discípulos que sobreviveria e ainda daria *lucro*, após uma severa repreensão. Devemos estar seguros de que investimos o suficiente num relacionamento profissional sem barreiras, que admita que toda disciplina é produtiva, ainda que dolorosa. A pessoa que é repreendida deve saber que há uma reserva de boa vontade e respeito que é maior e mais permanente do que a repreensão. De fato, deveria ser óbvio que as suas repreensões são reservadas para aqueles com quem você se preocupa e que mais respeita.

Siga o exemplo de Jesus. Faça uso, sempre que necessário, de uma boa repreensão.

SUAS REPREENSÕES SÃO RESERVADAS PARA AQUELES COM QUEM VOCÊ SE PREOCUPA E QUE MAIS RESPEITA.

Cuidado Com os Bajuladores

Quanto mais alta for a sua posição hierárquica, maior será a tentação de torná-lo rodeado de "bajuladores". Há sempre uma grande tendência para crermos em suas tolices. Isto é bastante perigoso.

Em primeiro lugar, embora possa lhe passar desapercebido, seus colaboradores profissionais reconhecem a bajulação pelo que ela é – a exaltação do ego correndo solta – e eles perderão respeito por você. Também, quanto mais você subir na empresa, maior será a sua necessidade de uma palavra firme, verdadeira, *crítica,* como conselho ou como informação, o que lhe é vital para o seu sucesso.

Já vi situações no mundo dos negócios em que ninguém se dispôs a dar ao presidente da organização as más notícias que ele desesperadamente tinha que ouvir. O *chefão* só recebe imagens "cor-de-rosa", até que as más notícias tomam tal amplitude que não podem mais ser escondidas. A essa altura a batalha muitas vezes já foi perdida e a situação tornou-se irremediável.

Um executivo é tão bom quanto as informações de que dispõe, sejam elas boas ou más. Você precisa ser um líder que aprecie e recompense aqueles que lhe dizem a verdade, não importando quão desagradável ela possa ser.

Diretorias são também vítimas da síndrome de "boas-notícias-somente". Em especial isso ocorre no setor de organizações sem fins lucrativos. Os diretores ou membros do conselho muitas vezes são recebidos com um bom jantar, são entretidos e recebem apenas a mais brilhante imagem quanto à situação do empreendimento. Não permita que isso ocorra. Não importando se você serve à diretoria ou conselho administrativo de uma organização com fins lucrativos ou não, você é depositário de confiança e de responsabilidade, e muitas vezes até mesmo de uma significante obrigação para não permitir que isso ocorra. Persista na verdade completa, seja boa ou má.

Você deve lembrar-se de que entre as funções de sua diretoria acha-se uma responsabilidade direta pelo seu sucesso em suas próprias atividades. Muitos dos altos executivos alcançaram o pico de suas carreiras pela qualidade do serviço prestado às diretorias, tanto de organizações lucrativas como de não-lucrativas. Se você serve a uma diretoria, faça um bom trabalho.

A coisa mais fácil a fazer na condição de um diretor externo é aceitar os relatórios dos executivos da organização como foram apresentados e nunca perguntar nada. Uma regra prática é que se você está recebendo somente boas notícias, você não está tendo o quadro completo. Nenhum empreendimento com um grau de complexidade suficiente para requerer uma diretoria externa opera sem problemas e sem falhas. Na condição de membro da diretoria, ou de um contratado de confiança, certifique-se de que você está sendo informado dos pontos negativos. Não permita que o seu pessoal, concordando com tudo, o leve a uma morte súbita.

Sei de um caso de uma diretoria em que isso aconteceu. O presidente do empreendimento pôs um dócil executivo junto com uma diretoria que nunca fazia as perguntas difíceis e que nunca relatou nada que não fossem boas notícias ao conselho diretor completo, a que se subordinava. Os demais participantes do conselho diretor permaneceram assim "numa boa", calados e felizes da vida por muitos anos. Quando o presidente aposentou-se, todas as más notícias vieram à luz, revelando que a instituição estava financeiramente num estado precário. Eles tiveram que esforçar-se sobremaneira para evitar um naufrágio. Não deixe isso acontecer com você.

Mais uma vez Jesus nos provê com o maior de todos os exemplos. Ele continuamente mandava embora os lisonjeadores insinceros, mas aceitava graciosamente o louvor honesto. Temos que fazer o mesmo em nossos relacionamentos, especialmente nos negócios.

Quando aquele jovem rico, que tinha uma posição de destaque, veio a Jesus chamando-o de "bom", Jesus o interrompeu porque sabia que ele não era sincero em sua palavra de louvor. A mesma coisa aconteceu com o escriba que disse a Jesus: "Mestre, seguir-te-ei para onde quer que fores."

Jesus acabou com a frieza hipócrita dos fariseus ao citar Isaías: "Este povo honra-me com os lábios, mas o seu coração está longe de mim." (Mateus 15:8). Mas quando as pessoas vinham com um louvor honesto e sincero, ele não poderia ter respondido de forma mais positiva.

Nos negócios como na vida, temos de nos assegurar de que discernimos a diferença que há entre um elogio honesto e uma bajulação insincera e egoística. Temos que fazer como Jesus fez: buscar a verdade em todas as coisas e em todas as pessoas.

VOCÊ PRECISA SER UM LÍDER QUE APRECIE E RECOMPENSE AQUELES QUE LHE DIZEM A VERDADE, NÃO IMPORTANDO QUÃO DESAGRADÁVEL ELA POSSA SER.

Seja um Servo

Durante todo o tempo em que estabelecia a sua organização, a Igreja, Jesus repetidamente enfatizou que devemos ser servos, ressaltando que o caminho para o sucesso é dar a primazia aos outros. Muitos homens de negócios fleumáticos vêem esta abordagem como sentimental, e até mesmo não para este mundo, algo para um outro tempo e certamente algo para uma atividade que não seja de negócios. A sabedoria prevalecente é ser o número um, é esforçar-se para ser o número um em tudo.

Contudo, na realidade o caminho mais seguro para o sucesso, no caso de um executivo, é pôr os seus empregados e seus clientes em primeiro lugar – ou seja, servir a eles, indo ao encontro às necessidades deles. Os anais de negócios estão cheios de histórias de sucesso nas quais o modelo "outros em primeiro lugar" constituiu uma fórmula certeira para o sucesso. O que é estranho é que bem poucos percebem isso. Bem poucos se dispõem a aprender com Jesus ou com exemplos de organizações da atualidade.

Mas é importante salientar agora que servir a seus empregados e a seus clientes não significa "dar a eles de graça os seus produtos", ou comportar-se como um tolo ou afetado. Absolutamente não. Não é assim que você servirá a seus empregados ou seus clientes. Para ir ao encontro às necessidades deles, a sua empresa tem que ser bem- sucedida. Somente empresas de sucesso sobrevivem para servir.

Este tipo de conduta que procura servir requer a disposição de perguntar: "Qual é a melhor maneira com que eu posso cuidar das necessidades de meus empregados e de meus clientes no contexto de um negócio que esteja crescendo e prosperando? Com certeza isso não significa vender os seus produtos com preços inferiores ao custo, ou reverter todo o lucro previsto em salários e prêmios para os empregados. Isso seria ridículo, uma atitude suicida e por fim uma ameaça à sua organização.

Nos negócios, o oposto do modelo baseado no servir é aquele que pode ser descrito com as seguintes palavras: "Vamos pagar a estes coitados funcionários o mínimo possível e cobrar de nossos clientes o máximo possível pelos produtos que fabricarmos com o custo o mais baixo possível, de forma a podermos lucrar tanto quanto for possível". Não é este o caminho que leva ao sucesso.

Para ser bem-sucedido, use o modelo de Jesus. Cuide bem de seus empregados e de seus clientes. Quando Jesus disse, em Mateus 23:11, "mas o maior dentre vós será vosso servo", ele fez uma afirmação pela qual todo negócio pode viver e prosperar.

O CAMINHO MAIS SEGURO PARA O SUCESSO, NO CASO DE UM EXECUTIVO, É PÔR OS SEUS EMPREGADOS E OS SEUS CLIENTES EM PRIMEIRO LUGAR – OU SEJA, SERVIR A ELES, INDO AO ENCONTRO ÀS NECESSIDADES DELES.

Desencoraje a Disputa por Posições

Os discípulos de Jesus, exibindo tendências puramente humanas, constantemente preocupavam-se com os seus respectivos lugares na hierarquia. Mateus, Marcos e Lucas registram as discussões entre eles sobre qual deles seria o maior no reino de Deus. A mãe de Tiago e João, provavelmente a pedido dos filhos, chegou a solicitar de Jesus um grande favor: dar aos seus dois filhos duas honrosas posições.

Executivos e gerentes freqüentemente observam seus subordinados gastando grande parte de seu precioso tempo discutindo, tramando e posicionando-se *a si mesmos* em busca de seu próprio progresso, em vez de buscarem o progresso da *empresa*. Não chega a ser de todo incomum, entre os que estão nessa situação, de até mesmo sabotarem os projetos alheios de forma a fazer com que os rivais fiquem prejudicados em suas imagens perante seus superiores. Obviamente isso é contraproducente.

Jesus não tolerava este tipo de tolice. Ele acabou com toda essa discussão com a declaração: "Quem quiser tornar-se grande entre vós, será esse o que vos sirva" (Mateus 20:26). E ele disse à mãe de Tiago e João que ela não sabia o que estava pedindo. Uma paráfrase dessas palavras de Jesus para os homens de negócio seria: "Tão-somente faça o seu trabalho. Sirva aos empregados que lhe são subordinados e aos seus clientes, e você estará agindo corretamente."

Os gerentes de hoje devem estar alertas em relação a manobras semelhantes entre seus subordinados e cortar o mal pela raiz com o mesmo tipo de resposta. Contudo, para que isso seja efetivo e justo, os gerentes devem assegurar que estão avaliando resultados reais e que não estão sendo levados a erros nem manipulados. Um bom gerente, de sucesso, saberá quem está produzindo e quem apenas fala que produz.

TÃO-SOMENTE FAÇA O SEU TRABALHO. SIRVA AOS EMPREGADOS QUE LHE SÃO SUBORDINADOS E AOS SEUS CLIENTES, E VOCÊ ESTARÁ AGINDO CORRETAMENTE.

Seja um Inspetor de Frutos

Nesses mais de trinta anos nos negócios, tenho sido ricamente recompensado por pessoas que eu empreguei. Infelizmente tive também muitas falhas na minha atividade de recrutamento. Mesmo depois de fazer uso de sofisticadas ferramentas de avaliação e de recomendações de especialistas, nossa companhia tem perdido muito por empregar pessoas que não foram bem-sucedidas. Jesus tem algo para nós que temos o encargo de recrutar empregados.

No sétimo capítulo de Mateus, ele nos diz que "toda árvore boa produz bons frutos, porém a árvore má produz frutos maus" (Mateus 7:17). Isto soa óbvio, mas sua verdade pode ser perdida no processo de recrutamento. Um candidato pode ser fisicamente atraente, pode ter vindo de uma boa escola, pode ter um brilhante currículo escolar, pode ter marcado muitos pontos nos testes de seleção, e ainda assim tornar-se um desastroso recrutamento.

Dois casos vêm imediatamente à minha mente. Conheço dois homens que são simpáticos, de aparência impecável, de um falar agradável, que vieram de faculdades de prestígio. Contudo eles regularmente mantêm um desempenho sofrível nos negócios. O curioso é que eles continuam a ser contratados, ocupando posições disputadas e de prestígio. São admitidos porque são simpáticos e têm credenciais expressivas, e não pelo seu desempenho.

Quando você estiver recrutando alguém, olhe com cuidado e com austeridade os resultados obtidos pelo candidato. Siga o conselho de Jesus: seja um inspetor de frutos.

"Toda árvore boa produz bons frutos,
porém a árvore má produz frutos maus."

Pare de Preocupar-se

Jesus tinha muito o que dizer a respeito da preocupação. Ele a via como improdutiva e como evidência da falta de fé. Ele nos disse firmemente que jamais nos preocupássemos.

Há uma grande diferença entre planejamento e preocupação. Somos admoestados a planejar cuidadosamente e mesmo "encararmos as pequenas coisas". Planejar e prestar atenção nos detalhes são atividades positivas porque como resultado podemos fazer coisas positivas acontecer.

A preocupação, por outro lado, é por definição afligir-se inutilmente por coisas sobre as quais não temos nenhum controle, sem a obtenção de resultados positivos. Muitos homens bem-sucedidos atestam que se concentram com toda atenção em seus negócios durante as horas de trabalho, mas que não se preocupam com eles durante a noite. Isto é consistente com o ensino de Jesus. Em Mateus 6:34 ele nos diz: "Portanto, não vos inquieteis com o dia de amanhã, pois o amanhã trará os seus cuidados."

HÁ UMA GRANDE DIFERENÇA ENTRE PLANEJAMENTO E PREOCUPAÇÃO.

Evite o Espírito de Grandeza

Através de seu ministério terreno, Jesus foi constantemente solicitado a desempenhar ações espetaculares. Satanás foi um tentador perseverante nesse sentido. Os fariseus ficaram atrás dele para que fizesse "um sinal nos céus", a fim de demonstrar o seu poder e a sua divindade. Jesus nunca se deixou levar por essas solicitações.

Obviamente, Jesus operou muitas maravilhas e diversos prodígios, mas sempre foi com um propósito: sempre para ajudar alguém, nunca para atrair a atenção para si mesmo. É certo que os milagres que de fato ele realizou contribuíram para fortalecer a fé de seus seguidores, se bem que eles tinham vindo para Jesus por causa da sua palavra, da sua mensagem.

Homens de negócios freqüentemente são tentados pelo espírito de grandeza a fazerem atos grandiosos, usualmente para inflar um ego já acima do normal. Fazer grandes elogios para produtos ainda não desenvolvidos ou comprar um dispendioso brinquedo para a empresa, tal como uma aeronave a jato, cujo custo está acima das possibilidades da empresa, coisas assim são clássicas manifestações do espírito de grandeza.

Conheço um investidor que tem o seguinte princípio: "Se você vê o *manda-chuva* de uma empresa exaltado como rico e poderoso em alguma revista de negócios, não compre ações dessa companhia."

O empresário Donald Trump é um mestre do espírito de grandeza, com grandes tiradas, sempre fazendo uma dramática entrada em cena, sempre retratado nos principais jornais. Já a maioria dos americanos não reconheceria Warren Buffet, se o encontrasse face a face. Mas a ação da sua companhia é vendida a vinte mil dólares cada uma. Ele não tem espírito de grandeza.

Seja como Jesus. Resista à tentação de fazer coisas espetaculares.

HOMENS DE NEGÓCIOS FREQÜENTEMENTE SÃO TENTADOS PELO ESPÍRITO DE GRANDEZA A FAZEREM ATOS GRANDIOSOS, USUALMENTE PARA INFLAR UM EGO JÁ ACIMA DO NORMAL.

Seja Justo Para Com Todos, e Generoso Quando Apropriado

Em nossa empresa, temos às vezes falhado por não recompensarmos devidamente um funcionário, com medo do que os outros empregados possam pensar. Adotamos o seguinte raciocínio: "Se dermos a Bill o prêmio que ele realmente merece, Max tomará ciência disso, e ficará perturbado, por não ter recebido também uma gratificação em iguais condições".

Max, porém, recebeu de acordo com o que lhe fora prometido, e não tinha tido um desempenho excepcional como Bill. Como estávamos sendo justos para com Max, não deveríamos nos ter preocupado com o que ele pensaria acerca do prêmio de Bill. Isso que fizemos implicou em que acabamos sendo injustos para com Bill, não lhe tendo dado o que lhe era devido.

Jesus ensinou claramente este princípio na parábola do proprietário que pagou ao trabalhador que tinha sido contratado na última hora (que tinha trabalhado bem menos que os outros) a mesma importância que havia pago aos que tinham trabalhado o dia inteiro. Quando confrontado a esse respeito por um dos que tinham trabalhado o dia todo, o proprietário replicou-lhe: "Amigo, não te faço injustiça; não combinaste comigo um denário? Toma o que é teu e vai-te; pois quero dar a este último, tanto quanto a ti. Porventura não me é lícito fazer o que quero do que é meu? Ou são maus os teus olhos porque eu sou bom?" (Mateus 20:13-15).

Como estávamos sendo justos para com Max, não deveríamos nos ter preocupado com o que ele pensaria acerca do prêmio de Bill.

SEJA JUSTO PARA COM TODOS; SEJA GENEROSO PARA COM OS QUE TÊM MÉRITO.

Arrisque-se, Mas Com Prudência

Se alguém pensa que Jesus defenderia tão-somente uma filosofia empresarial maçante e ultraconservadora, nunca leu ou entendeu a parábola dos talentos, tal como foi registrada em Mateus 25:14-30.

Nesta famosa e poderosa história, Jesus relata que um certo senhor, saindo de viagem, confiou certas quantias de dinheiro a seus trabalhadores para que trabalhassem com elas enquanto ele estivesse ausente. Ele confiou a maior quantia àqueles com maior capacidade. Foram eles que investiram os fundos recebidos, fizeram com que se multiplicassem e acabaram recebendo elogios do senhor, no seu retorno. Entretanto, aquele que enterrou a quantia que lhe fora confiada e devolveu somente o valor que lhe fora dado recebeu a ira do senhor.

A lição desta parábola é que devemos multiplicar nossos fundos, investindo-os com sabedoria. Jesus evidentemente sabia que há riscos envolvidos em todo investimento, mas os servos que dobraram o dinheiro confiado a eles são destacados como bons exemplos para todos nós. O servo que enterrou o dinheiro que lhe fora confiado foi chamado de "mau" e "negligente". Foi-lhe dito que o mínimo que ele poderia ter feito teria sido pôr o dinheiro a juros num banco e assim teria ganho algum rendimento.

Na condição de executivos empresariais, por termos recebido os fundos dos acionistas da empresa para administrar, nossa tarefa não é a de preservar o capital, mas fazê-lo crescer. Isto significa investir em novos procedimentos, em novos produtos, em novos mercados e em novos funcionários. Significa assumir riscos, mas com prudência.

No mundo dos negócios, como em nossa vida pessoal de fé,

somos chamados a fazer um bom uso de nossos fundos e habilidades.

NA CONDIÇÃO DE EXECUTIVOS EMPRESARIAIS, POR TERMOS RECEBIDO OS FUNDOS DOS ACIONISTAS DA EMPRESA PARA ADMINISTRAR, NOSSA TAREFA NÃO É A DE PRESERVAR O CAPITAL, MAS FAZÊ-LO CRESCER.

Cuide das Crianças

Jesus foi o mais avançado líder pró-família. Ele permanentemente dava especial atenção às crianças. Num certo momento ele ficou indignado quando os discípulos impediram que as pessoas trouxessem seus filhos para estarem com ele (Marcos 10:13-14).

O líder empresarial sábio e de sucesso fará tudo o que puder para cuidar das crianças – suas, de seus empregados e, se seus produtos são destinados a crianças, também de seus clientes.

Entre as coisas mais importantes e *produtivas* que um líder empresarial pode fazer pelos filhos de seus empregados é empenhar-se para que mães e pais tenham tempo para passar com as crianças. É até este ponto que ele pode exercer algum controle. Não há como interferir na qualidade do tempo dado aos filhos pelos pais, mesmo que eles tenham muito tempo disponível. Contudo, um executivo empresarial pode ter certeza de que as famílias e as crianças não estão sendo afastadas ou cortadas de seu convívio familiar por necessidades da empresa impostas sobre as mães ou sobre os pais. Os gerentes podem criar um clima que honre e promova o equilíbrio.

Há ainda muitas maneiras pelas quais as empresas podem fazer com que seus empregados saibam que seus filhos são importantes para os seus empregadores, maneiras essas que podem variar, desde grandes coisas como a concessão de bolsas escolares para os filhos dos empregados, até pequenas coisas tais como o reconhecimento das realizações das crianças no boletim da empresa.

Nada irrita mais o público do que uma empresa que não é consciente de suas responsabilidades para com as crianças. Tão-somente converse com um daqueles desafortunados executivos que tentaram passar água colorida como se fosse suco de fruta.

Uma das grandes empresas de alimentos infantis, com uma marca respeitada, foi praticamente destruída e vários de seus executivos foram multados e presos quando venderam o que era basicamente água colorida, chamando-a de suco de fruta, para crianças. Tanto o público como os tribunais caíram em cima com dureza, como seria de se esperar, diante de um negócio e de negociantes exploradores de crianças.

Lembre-se do que Jesus fez. "Então, tomando-as nos braços e impondo-lhes as mãos, as abençoava" (Marcos 10:16).

NADA IRRITA MAIS O PÚBLICO DO QUE UMA EMPRESA QUE NÃO É CONSCIENTE DE SUAS RESPONSABILIDADES PARA COM AS CRIANÇAS.

Pague os Seus Impostos

Uma das afirmativas de Jesus mais lembradas é: "Dai, pois, a César o que é de César, e a Deus o que é de Deus" (Lucas 20:25). Não se trata apenas de uma frase de efeito, mas ela provê uma clara instrução para nós. Entre outras coisas, ela nos diz que devemos pagar os impostos.

Não conheço ninguém que goste de pagar impostos, tanto pessoais como da empresa. Alegrar-se com isso não é o ponto em questão. É obediência. Obediência à lei terrena, assim como à lei de Deus.

Sempre me impressiono com o número de histórias que aparecem num jornal de economia de Nova York, precisamente no *Wall Street Journal*, de pessoas físicas e de empresas virtualmente arruinadas por não terem pago os seus impostos. Os gerentes dessas firmas normalmente têm um bom nível de formação escolar, e dispõem de contadores e advogados especializados na área fiscal para assessorá-los. Mesmo assim eles deliberadamente procuram safar-se desses compromissos, não pagando os impostos. Eles são pegos, e suas carreiras e às vezes até suas vidas são arruinadas. Alguns chegam a ser presos.

Tenha o melhor assessoramento fiscal possível. Não pague impostos além do devido. Mas não sonegue nem um centavo. Tanto "César" como Deus ficarão satisfeitos. E você vai dormir tranqüilo.

NÃO PAGUE IMPOSTOS ALÉM DO DEVIDO. MAS NÃO SONEGUE NEM UM CENTAVO. TANTO "CÉSAR" COMO DEUS FICARÃO SATISFEITOS.

Deixe Que os Resultados Falem por Você

Num determinado momento João Batista enviou alguns de seus discípulos até Jesus para fazer-lhe uma pergunta-chave, a mais importante questão que lhe poderia ser levantada. Ela está registrada em Lucas 7:20: "És tu aquele que estava para vir, ou esperaremos outro?"

Jesus poderia ter respondido com indignação. Poderia ainda ter dado exatamente a informação pedida. Contudo, em vez disso, ele disse: "Ide, e anunciai a João o que vistes e ouvistes: os cegos vêem, os coxos andam, os leprosos são purificados, os surdos ouvem, os mortos são ressuscitados, e aos pobres anuncia-se-lhes o evangelho" (Lucas 7:22). Jesus deixou que os seus atos falassem por ele.

Na sua vida profissional na empresa, haverá momentos em que as suas credenciais e a sua experiência serão questionadas. Quando isso acontecer, tanto quanto possível, mencione os resultados que você obteve. Diga o que você fez, não o que você pensa a seu próprio respeito. Não fique na defensiva, mas deixe que o seu desempenho fale por você. No final vai ser ele mesmo que vai falar, de qualquer forma.

DIGA O QUE VOCÊ FEZ, NÃO O QUE VOCÊ PENSA A SEU PRÓPRIO RESPEITO.

Não Lance Pérolas aos Porcos

Pessoas irritantes, *chatas* e provocativas da empresa são muitas vezes a razão do insucesso de muitos executivos empresariais. Em reuniões com os acionistas ou sócios da empresa, compete àquele que preside responder a qualquer pergunta formulada por um acionista, não importando quão ridícula ou provocante tenha sido. Aprenda a fazer isso com equilíbrio e com moderação.

Entretanto, fora dessas reuniões muito bem estruturadas, formalmente convocadas, os executivos empresariais precisam exercer discrição e usar de senso comum quanto a "lançar ante os porcos as suas pérolas" (Mateus 7:6). Cada um merece ter a sua questão analisada, mas respostas são requeridas apenas no caso de perguntas convincentes, feitas com boa vontade.

Executivos da alta administração de grandes empresas estão sujeitos a dedicar muito de seu tempo respondendo a questões, comentários e críticas que na realidade não valem o tempo despendido. Eles têm que zelar no sentido de que o *seu* tempo seja dado somente àquilo que de fato mereça receber atenção.

Mais uma vez, veja o que Jesus disse: "Não deis aos cães o que é santo, nem lanceis ante os porcos as vossas pérolas" (Mateus 7:6). Este é um bom conselho também no cenário empresarial.

EXECUTIVOS DA ALTA ADMINISTRAÇÃO DE GRANDES EMPRESAS ESTÃO SUJEITOS A DEDICAR MUITO DE SEU TEMPO RESPONDENDO A QUESTÕES, COMENTÁRIOS E CRÍTICAS QUE NA REALIDADE NÃO VALEM O TEMPO DESPENDIDO.

Seja um Líder Inspirador

"Porventura não nos ardia o coração, quando ele pelo caminho nos falava, quando nos expunha as Escrituras?" (Lucas 24:32).

Esta bela passagem do evangelho de Lucas nos atesta o carisma e a atração que Jesus tinha. As pessoas eram levadas a ele e à sua causa e ficavam impressionadas porque ele "ensinava com autoridade". Na linguagem de hoje, diríamos que *ele realmente sabia do que estava falando.*

A base para todo o ensino de Jesus e o que lhe deu "autoridade" foi o seu conhecimento das Escrituras, que proveram a base histórica e filosófica do seu empreendimento, a Igreja. O seu sucesso na articulação de sua visão é na prática demonstrado dois mil anos depois na permanente força de sua Igreja.

Ninguém pode esperar ter o carisma e a atração que Jesus teve. Nossos empreendimentos nunca terão as conseqüências cósmicas e eternas que a sua grande organização teve. Mas os nossos compromissos profissionais são importantes para nós *e* para ele. Ele preocupa-se com os nossos sucessos e derrotas. Uma das maneiras de construir um empreendimento de sucesso é usar o exemplo de Jesus e falar com autoridade, saber do que você está falando, e comunicar esse conhecimento com um fervoroso sentimento.

O executivo empresarial, que pensa que a inspiração é um subproduto do resultado final, dos índices de produção, e de áridas estatísticas, na verdade perde uma das grandes lições de Jesus. Trata-se de uma lição ensinada também pelas vidas de muitos homens que construíram grandes negócios em todos os tempos. Eles tiveram um grande sucesso porque acreditavam ardentemente no que faziam e foram capazes de instigar um pouco do seu fervor em seus colaboradores.

De Thomas Edison a Lee Iacocca, esses grandes líderes de negócios dos Estados Unidos, eles não somente sabiam do que estavam falando, mas desenvolveram um estilo de comunicar o que queriam dizer que imitava o "ardor" que Jesus despertou naqueles dois homens a caminho de Emaús.

Assim, quer seja o esforço da sua empresa em particular canalizado para apenas produzir coisinhas, quer seja ela um empreendimento bem mais fascinante, você precisa conhecer e partilhar os eventos de sua história e também sua importância com as pessoas a quem ela serve. Se você não puder contar a história da sua organização com entusiasmo aos empregados e aos candidatos a serem empregados, aos investidores e a possíveis investidores, aos clientes e aos clientes em potencial, provavelmente será o caso de você procurar um outro emprego.

Meu pai passou toda a sua vida profissional trabalhando no ramo de produção de tintas. Ele tinha uma grande paixão por seu trabalho; compreendia o papel desempenhado pelas tintas nas vidas das pessoas, e podia discursar a respeito disso tão eloqüentemente e com tal entusiasmo que fazia o negócio das tintas um assunto interessante e atraente para aqueles que, como nós, andavam com ele. Agora já com os seus oitenta e tantos anos, ele ainda se diverte compartilhando casos ocorridos na vida de um negócio que, para alguns, não passa de uma atividade monótona e desinteressante; e eu ainda me divirto ao ouvi-lo.

Seja ao mesmo tempo o chefe da torcida e o técnico do time.

NÃO DEIXE DE CONHECER A HISTÓRIA DO SEU NEGÓCIO E DE COMO ELE PODE BENEFICIAR AS PESSOAS. SAIBA POR QUE O SEU NEGÓCIO É IMPORTANTE. SAIBA APRESENTÁ-LO COM SENTIMENTO E FERVOR. SEJA AO MESMO TEMPO O CHEFE DA TORCIDA E O TÉCNICO DO TIME.

É Necessário Podar

Tanto por suas ações como por seus ensinos, Jesus demonstrou que esperava que seus seguidores fossem frutíferos e produtivos. Ele não deixou dúvidas quanto a isso.

No poderoso e profundo capítulo quinze do evangelho de João, lemos as seguintes palavras de Jesus: "Eu sou a videira verdadeira, e meu pai é o agricultor. Todo ramo que, estando em mim, não der fruto, ele o corta; e todo o que dá fruto, limpa, para que produza mais fruto ainda" (João 15:1-2).

Como gerentes responsáveis pela saúde de um empreendimento, constantemente temos que cortar e podar. Funcionários, departamentos e setores não produtivos *têm de* ser cortados. Este processo jamais deve ser feito de maneira aleatória e arrogante. As pessoas envolvidas devem ser sempre consideradas importantes e de valor, mas elas têm que ser avaliadas por sua produtividade. Assim como Jesus disse que a figueira estéril e que os ramos improdutivos da videira deveriam ser eliminados, as partes improdutivas do negócio devem ser deixadas de lado e eliminadas.

Igualmente importante é a lição de Jesus de que todo ramo produtivo tem que ser podado para fazê-lo produzir mais fruto ainda. A história dos negócios é repleta de empreendimentos que tiveram no início um grande sucesso, mas que depois cresceram com um espírito de auto-satisfação. Ficaram satisfeitos com as glórias do passado e eventualmente chegaram a fracassar, vítimas de uma administração que não persistiu em "podar" para obter uma produtividade cada vez maior.

COMO GERENTES RESPONSÁVEIS PELA SAÚDE DE UM EMPREENDIMENTO, CONSTANTEMENTE TEMOS QUE CORTAR E PODAR.

Não Tente Servir a Dois Senhores

Ao analisarmos as diversas funções a serem exercidas e o pessoal disponível para assumi-las, os executivos muitas vezes são tentados a "dividir" uma pessoa designando para ela dois ou mais supervisores, no exercício de duas ou mais funções diferentes.

Isto é muito fácil de se fazer num organograma. A realidade, contudo, é que tal jeitinho quase nunca dá certo e quase sempre acaba produzindo sentimentos feridos, pequenos batebocas nos escritórios, e desempenhos sofríveis. Pelo menos uma das funções, e às vezes as duas, será ou serão desempenhadas num nível abaixo do normal, e há uma grande chance de você ter assim pelo menos três empregados insatisfeitos em suas mãos.

Em Mateus 6:24 Jesus nos diz com toda clareza: "Ninguém pode servir a dois senhores; porque ou há de aborrecer-se de um, e amar ao outro; ou se devotará a um e desprezará ao outro." Levou um bom tempo para que nós aprendêssemos esta lição em nossa empresa. Com muita freqüência, num infeliz esforço por conter custos com o pessoal, ou na ânsia de encontrar uma posição viável para um empregado a ser demitido, cometemos o erro de designar a alguém diversas funções e colocá-lo debaixo de mais de um supervisor. É tal como Jesus disse: o funcionário invariavelmente tem melhor desempenho numa das funções que lhe foram dadas e, tendo satisfação com o seu sucesso nessa função, dedica-se mais e mais a ela e a satisfazer o seu supervisor dessa área.

O outro supervisor, sabendo que está sendo tratado com certo desdém, e vendo a função não ser desempenhada a contento, fica cada vez mais insatisfeito. Começa então a pôr pressão sobre o funcionário cuja lealdade ele deve a dois chefes, e também passa a reclamar junto ao outro chefe.

Ninguém fica contente. As funções são mal desempenhadas, se é que são desempenhadas.

No caso de se tornar absolutamente necessário designar duas tarefas completamente diferentes a uma mesma pessoa, pelo menos faça-a reportar-se a um só supervisor, que assim responderá pela supervisão do desempenho dela nas duas áreas. Esta solução não é a ideal, e o supervisor terá que ser vigilante e competente para assegurar-se de que cada uma das funções esteja sendo exercida com a atenção e o tempo devidos.

Ainda assim, com esta solução, o funcionário ainda terá uma maior queda para uma das funções, que desempenhará com maior sucesso, e inevitavelmente se verá dando mais tempo e atenção à mesma. Permanecer por cima dessa situação constituirá uma constante batalha para o supervisor, e suas aptidões de supervisão precisarão estar muito bem afiadas para que ele possa ter êxito.

Precisamos levar em conta com seriedade todas as advertências que Jesus nos deu. Isto inclui a de que é impossível servir a dois senhores.

NINGUÉM FICA CONTENTE. AS FUNÇÕES SÃO MAL DESEMPENHADAS, SE É QUE SÃO DESEMPENHADAS.

Fique Calmo na Tempestade

Em todos os acontecimentos da vida de Jesus registrados nos evangelhos, quando forças externas criaram tumulto, ele permaneceu calmo. (Houve algumas vezes, é claro, em que ele agiu com muito vigor e ira. Mas mesmo então ele permanecia calmo, se bem que este tipo de reação foi uma rara ocorrência e era parte de seu plano. O exemplo mais evidente disso foi quando ele se agitou no templo, expulsando os cambistas e trapaceiros que lá agiam).

Quando a tempestade desabou no Mar da Galiléia, seus discípulos tiveram que acordá-lo de um sono tranqüilo, para que ele em seguida acalmasse as águas. As diversas pessoas que correram até Jesus com horríveis palavras de doenças ou de morte foram sempre recebidas por ele com comentários tranqüilizadores, e seus atos eram deliberados, sempre com um propósito de ajudar aquelas pessoas. Mesmo nas horas de maior tumulto em sua vida, durante os eventos que culminaram com a sua crucificação, enquanto outros se deixaram cair emocionalmente, Jesus permaneceu calmo.

O mais vívido exemplo disso foi o comportamento de Jesus no jardim do Getsêmani, um pouco antes de sua prisão. Quando uma turba armada com cacetes e espadas veio para prendê-lo, Pedro exaltou-se, desembainhou sua espada e cortou a orelha de um daqueles que procuravam levar Jesus em custódia. Em vez de reagir com palavras ásperas, Jesus imediatamente acalmou a situação.

Na vida de quase todo gerente ou executivo haverá momentos em que sentirá uma turba "armada" vindo ao seu encontro e ao encontro de sua empresa. Agitações trabalhistas, colapso na conformidade dos produtos, deficiências em materiais críticos, tentativas de assumir o controle acionário da empresa, as terríveis crises de fluxo de caixa são exemplos desses momentos. É então que aquele que é líder de fato permanece calmo e exerce uma liderança efetiva, positiva, tranqüilizante.

Acontece com a maioria de nós não termos em nós mesmos a serenidade e a firmeza para automaticamente projetarmos calma ante a evidência de uma tempestade, seja ela de que tipo for. Essa é uma característica que nós temos que cultivar. O pré-requisito mais importante é reconhecer a necessidade de se ter este espírito calmo. É impressionante como muitos executivos ainda pensam que xingar, gritar e muitas vezes ser tomado de um frenesi e partir para o que der e vier sejam reações apropriadas e convenientes numa situação de crise.

Uma palavra de precaução, de qualquer maneira: estar calmo não significa ficar alienado. Você pode ter toda a calma do mundo e ainda assim estar totalmente engajado e ativamente envolvido na solução do problema.

Depois de reconhecer a necessidade de ter calma, a coisa mais importante é planejar tempos difíceis. O executivo sábio terá cuidadosamente elaborado planos para crises, adequados aos diversos desafios que possam surgir. Ele terá ainda uma equipe treinada para a eventualidade de uma crise, cada participante dessa equipe sabendo perfeitamente o papel que terá que desempenhar. Um planejamento assim contribui para assegurar calma perante todos.

Uma outra atividade que trará calma, mas que é freqüentemente esquecida, conquanto muito útil, é a oração. Isto, tal como algumas outras sugestões que eu tenho dado, talvez pareça um tanto mística para o homem de negócios comum. Mas mesmo céticos espirituais têm notado na prática a calma que a oração produz. A história também está cheia de evidências de casos verídicos do poder da oração, em nome de Jesus, para ajudar em momentos de crise, na vida de todo cristão. Não é uma simples coincidência Jesus ter passado em oração as horas que antecederam a sua prisão.

Seja como Jesus. Seja um líder calmo e eficiente, mesmo em meio a uma tempestade, não importa de que tipo.

ESTAR CALMO NÃO SIGNIFICA FICAR ALIENADO. VOCÊ PODE TER TODA A CALMA DO MUNDO E AINDA ASSIM ESTAR TOTALMENTE ENGAJADO E ATIVAMENTE ENVOLVIDO NA SOLUÇÃO DO PROBLEMA.

Acabe Com as Disputas Rapidamente

Quanto tempo e produtividade se perdem na empresa por causa de disputas que ficam por um longo e cansativo tempo acontecendo sem serem resolvidas. Isto é verdade com respeito a disputas internas na empresa, bem como com respeito a disputas externas com outras empresas. Um bom gerente disporá de uma política que obrigue as partes a uma solução face a face em qualquer disputa interna, e tudo fará nesse sentido; também dará as diretrizes para a solução de disputas externas no menor tempo possível. Permitir que elas permaneçam sem solução, cresçam e inflamem-se é sempre contraprodutivo. Nenhuma vantagem é ganha com a demora.

Jesus disse: "Entra em acordo sem demora com o teu adversário" (Mateus 5: 25). Ele mostrou que havendo procedimentos legais em curso, as partes devem tentar um acordo antes que a disputa chegue ao tribunal.

Disputas internas usualmente são mais danosas do que as feitas entre empresas. Empregados combatendo uns com os outros trazem danos tanto para si mesmos como para a produtividade dos setores envolvidos, e o vírus danoso geralmente acaba se espraiando e contaminando um amplo círculo de outros funcionários.

Os gerentes devem lembrar-se de uma outra afirmação feita por Jesus no Sermão do Monte: "Bem-aventurados os pacificadores" (Mateus 5:9). Um atributo de um executivo eficaz é a habilidade de ser pacificador, de ser o catalisador da reconciliação. Um executivo que tenha o tipo de liderança que promova paz dentro da empresa será um executivo bem-sucedido. Isto não significa que a sadia competição entre funcionários ou entre grupos de funcionários deva ser suprimida, mas a competição deve promover produtividade e progresso.

Alguns executivos praticam um estilo gerencial que é por natureza conspirativo e que põe um funcionário contra outro. Nunca vi tal estilo gerencial produzir um ambiente de trabalho de muita eficiência, nem um ambiente alegre. Como sempre, o modo de Jesus é o melhor modo de agir.

Às vezes, para ser um pacificador e rapidamente pôr fim a disputas, os gerentes podem ter que demitir um dos envolvidos no caso, ou até mesmo os dois. Quando as diferenças são irreconciliáveis, mesmo quando confrontadas aberta e honestamente, pode se fazer necessário que alguém deixe a empresa para que não permaneça um local de trabalho sob tensão. Se for este o caso, que assim seja. Assegure-se tão-somente de que todos os envolvidos tenham tido uma justa oportunidade de dar a sua versão. Se a disputa é confrontada rapidamente, os efeitos negativos serão mínimos.

Em conflitos externos, envolvendo a empresa com outra ou outras, os mesmos imperativos se aplicam. Faça todo o possível para acabar com eles o mais rápido possível. Um executivo com suficiente autoridade para interromper o conflito nesses casos deve encontrar-se tão logo quanto possível com alguém de mesmo nível do outro lado. Se reuniões assim não derem resultado, então o passo seguinte é procurar uma arbitragem. Ir aos tribunais seria o último recurso.

UM ATRIBUTO DE UM EXECUTIVO EFICAZ É A HABILIDADE DE SER PACIFICADOR, DE SER O CATALISADOR DA RECONCILIAÇÃO.

Tenha Refeições Junto Com a Tropa

Quando se considera quantas coisas de suprema importância foram transmitidas por Jesus a seus discípulos enquanto comiam, é impossível deixar de notar a importância da alimentação e dos momentos de lazer na construção de sua equipe.

Participar de refeições em conjunto com os demais cria uma atmosfera especial para construir relacionamentos. A última ceia é o mais óbvio exemplo bíblico do que estou dizendo, mas não é o único. Em muitas ocasiões a hora de refeições teve um papel importante no trabalho de Jesus com os seus discípulos. Em grande parte das ocasiões em que Jesus apareceu a seus discípulos depois da ressurreição, houve uma refeição ou a menção de alimentos. Essas horas de refeição eram horas especialmente importantes para Jesus compartilhar seus pensamentos e sua visão, e ele quis maximizar seu impacto. Ter refeições junto com seus discípulos foi algo que contribuiu para isso.

Alguns gerentes negligenciam estas lições em seu próprio prejuízo. Há uma tentação de comer alguma coisa no almoço em sua própria mesa de trabalho de forma a ganhar tempo, ou almoçar com um cliente objetivando aumentar as vendas, ou encontrar-se com companheiros de outras empresas no almoço por prazer e amizade. Não há nada de errado com qualquer uma dessas opções, e elas devem fazer parte de uma agenda bem formulada. Mas participar de refeições junto com o pessoal que trabalha com você e para você também tem que estar na sua agenda.

Numa hora em que Jesus tinha muitas coisas para ordenar a seus discípulos, depois da ressurreição, ele preparou um desjejum para eles, que tinham estado pescando a noite toda. Que bela cena deve ter sido para eles verem o seu Senhor ressuscitado, ali na praia, preparando-lhes uma refeição. Como deve ter sido bom o tempo de companheirismo e de aprendizado que certamente aconteceu em seguida.

Quem sabe se um churrasco, ou oferecer uma refeição convidando a sua equipe e servindo-os não seja uma boa idéia? Se você não puder fazer isso, pense em outros meios pelos quais você possa alimentar-se em companhia da equipe.

Mas não deixe de ter refeições com eles, com a sua tropa. Isso os fará melhores soldados.

TER REFEIÇÕES JUNTO COM O PESSOAL QUE TRABALHA COM VOCÊ E PARA VOCÊ TAMBÉM TEM QUE ESTAR NA SUA AGENDA.

Avalie Constantemente

Jesus constantemente avaliava os seus discípulos. Ele queria ver se eles de fato estavam absorvendo tudo aquilo que ele se esforçava por ensinar-lhes. Ele fazia isso por meio de perguntas. E foi assim durante todo o tempo de seu convívio com os discípulos.

Muitas vezes ele desapontou-se com as respostas e descobriu assim que ele tinha mais coisas a ensinar.

Nunca confie na comunicação. Assegure-se de que aqueles que trabalham por você compreendam tanto os objetivos da empresa como os seus métodos para alcançar esses objetivos. Avalie isso através de perguntas. Os gerentes muitas vezes assumem que todo o mundo tem a mesma percepção e que todos concordam com os objetivos e os meios para alcançá-los. Na realidade pode não ser assim. Formulando perguntas e deixando que o pessoal responda por si mesmo, você terá como determinar a extensão de sua compreensão e identificará as áreas que precisam ser objeto de um novo treinamento ou ensino.

A avaliação não deve ser algo eventual, mas uma prática constante e freqüente. Perguntas devem constituir-se numa de suas ferramentas gerenciais de maior uso. Como foi observado pelo consultor de empresas Jack Kinder, "quando você faz perguntas certas, quando você acompanha a execução das atividades, e mede o que realmente é importante, o desempenho sempre melhora."

ASSEGURE-SE DE QUE AQUELES QUE TRABALHAM POR VOCÊ COMPREENDAM TANTO OS OBJETIVOS DA EMPRESA COMO OS SEUS MÉTODOS PARA ALCANÇAR ESSES OBJETIVOS.

Transmita a Sua Filosofia Empresarial

Gurus empresariais por todo o mundo têm notado a importância da filosofia da empresa para o sucesso de um empreendimento. A filosofia da empresa consolida-se principalmente com os sucessos e fracassos do passado. Estes precisam ser contados e relembrados, e as verdades deles decorrentes precisam ser aplicadas em situações que presentemente a empresa esteja enfrentando.

Jesus fez isso de dois modos: ele contou histórias do Antigo Testamento, fazendo uso das Escrituras com grande efeito, e empregou parábolas para comunicar algumas das lições mais importantes que ele quis compartilhar.

A rede de lanchonetes "Frito-Lay", um braço gigantesco da companhia que produz a Pepsi-Cola, tem um histórico sistema de distribuição. *Histórico* é a palavra certa, pois muitos até mesmo escreveram que, por se repetirem muitas vezes casos históricos, reais, em que os entregadores da Frito-Lay tiveram que ir a grandes distâncias para poderem atender até pequenos pedidos, isso criou e mantém até hoje a filosofia de distribuição de entregas rápidas que caracteriza esse negócio.

Outras empresas têm suas próprias histórias sobre as quais a sua filosofia de trabalho se baseia. Gerentes de sucesso relatam essas "histórias de guerra" repetidamente de forma a ensinar como as coisas são feitas em suas empresas.

Assegure-se de que você conhece os fatos históricos, os ensinos e as características próprias da sua empresa. Use tudo isso para formular uma filosofia empresarial que lhe propiciará o sucesso.

GERENTES DE SUCESSO RELATAM "HISTÓRIAS DE GUERRA" REPETIDAMENTE, DE FORMA A ENSINAR COMO AS COISAS SÃO FEITAS EM SUAS EMPRESAS.

Siga Pelo Caminho Estreito

A advertência de Jesus para entrar pela porta estreita, com as poucas pessoas que por ela entram, e não ir pelo caminho largo, com os muitos que por ele vão, tem uma grande sabedoria para os homens de negócios. Quase todos os sucessos nos negócios até um certo ponto baseiam-se nesta instrução de Jesus.

Atuar onde os outros não atuam, descobrir um modo singular de fabricar alguma coisa, buscar e ocupar um nicho, um lugar adequado, todas estas posturas enquadram-se naquela instrução. O sucesso nos negócios quase sempre depende da diferenciação do que você fabrica ou de como você atua em relação à concorrência. Nos negócios, o caminho estreito é o caminho para o sucesso.

A Intel basicamente produz somente uma coisa, um pequenino *chip* para computadores. Contudo é bem possível que essa relativamente nova companhia venha a ser, como empresa, a mais lucrativa *em todo o mundo*. Os seus fundadores conseguiram entalhar um nicho para si, um caminho estreito.

A Nordstroms, a próspera e crescente loja de departamentos, talhou também o seu caminho estreito com um serviço de entregas melhor que o de seus concorrentes. Todas as grandes redes de lojas de departamentos oferecem essencialmente as mesmas mercadorias, mas com a Nordstroms os fregueses chegam a ter uma melhor expectativa e um recebimento melhor, sentem-se objeto de um serviço mais pessoal. Isto torna a companhia especial e com melhor chance de sucesso.

Todo grande negócio de sucesso de algum modo encontrou um caminho estreito, um caminho por onde os outros não puderam ou não quiseram ir.

O caminho estreito deve ser um alvo dos negócios para indivíduos e para empresas. Os gerentes que almejam seu sucesso individual devem buscar caminhos que os destaquem positivamente daqueles que alegremente descem pelo caminho largo.

Dedicar mais horas ao serviço do que qualquer outro, ou dar mais duro do que ninguém não são necessariamente os meios de fazer isso. Tente cuidar mais da qualidade do que os outros. Tente servir tanto os seus clientes como também aqueles que trabalham para você, de forma melhor do que qualquer outra pessoa. Tente obter o melhor clima de entendimento no ambiente de trabalho na sua empresa. Todos estes são caminhos estreitos que conduzirão ao sucesso.

OS GERENTES QUE ALMEJAM SEU SUCESSO INDIVIDUAL DEVEM BUSCAR CAMINHOS QUE OS DESTAQUEM POSITIVAMENTE DAQUELES QUE ALEGREMENTE DESCEM PELO CAMINHO LARGO.

Sirva às Famílias

O primeiro milagre que Jesus realizou foi feito a pedido de sua mãe. Outro de seus primeiros milagres foi a cura da sogra de Pedro. É instrutivo observarmos quão freqüentemente ele fez coisas para um membro da família de um de seus seguidores, o irmão de alguém, o filho de alguém, a filha de alguém. Para mostrar que ele se importava com aqueles que lhe eram chegados, ele se importou com aqueles que eram chegados a *eles*. Esta é uma lição poderosa, e de valor.

Quando você contrata alguém, talvez você não queira aceitar o fato de que contratou também a família inteira dessa pessoa, isso no sentido de que o melhor desempenho de quem foi contratado somente virá se não houver problemas familiares que o perturbem.

Você pode contribuir para o crescimento da lealdade e produtividade na empresa tendo um real cuidado para com a vida de um empregado fora da empresa. Isto não significa ser paternalista ou intrometer-se em situações em que você não tenha sido convidado. Jesus somente foi para onde lhe pediram para ir. Significa sim você demonstrar uma atitude de empatia, não mantendo seus funcionários à distância, mas agindo de forma a encorajar seus colaboradores a chegarem até você por um conselho ou ajuda.

Mas você precisa ter discernimento. Ajude quando puder com coisas tais como um estágio para um filho ou filha, ou uma carta de recomendação ao oficial de admissão de uma escola. Em questões que se acham fora de sua área de responsabilidade, você deve demonstrar real interesse e preocupação e indicar-lhes quem possa dar uma ajuda profissional. Quando você puder ajudar com coisas tais como alguns dias de licença, um abono de faltas, a concessão de um "vale" de adiantamento de salário, você precisa considerar o que resultará afinal para o bem do empregado e da empresa. Essas coisas, no tempo certo, na quantidade certa, e com a atitude certa podem produzir um grande bem para todos. Tudo deve ser feito, entretanto, com discrição e discernimento, como uma expressão de um genuíno carinho, e no contexto de estar construindo um produtivo relacionamento com todos os empregados.

QUANDO VOCÊ CONTRATA ALGUÉM, TALVEZ VOCÊ NÃO QUEIRA ACEITAR O FATO DE QUE CONTRATOU A FAMÍLIA INTEIRA DESSA PESSOA.

Prepare-se Para os Dias Difíceis

Há uma coisa com que você pode contar nos negócios e na vida: que dias difíceis virão. O gerente sábio prepara-se para eles. Muitas empresas que no passado tiveram grande sucesso, mesmo em longos períodos de tempo, quebraram quando os dias difíceis vieram e elas não estavam preparadas para eles.

Jesus permanentemente preparou seus seguidores para os dias difíceis. Seguidamente ele os advertiu de que aflições viriam, tanto para si como para eles. Algumas de suas mais severas repreensões foram proferidas quando os discípulos recusaram-se a dar atenção a suas advertências acerca dos tempos difíceis pela frente.

O preparo de Jesus valeu a pena, num grau extraordinário. Do apedrejamento de Estêvão à crucificação de Pedro, o mais cruel de todos os dias difíceis, o martírio, veio a todos os discípulos. Todavia por causa do modo como Jesus os tinha preparado, eles perseveraram. Eles triunfaram. E o empreendimento deles, a Igreja, não ruiu quando os dias difíceis chegaram. Ao contrário, depois de passar pelos traumas, infortúnios e perseguições a Igreja emergiu mais forte e mais vibrante do que nunca.

É axiomático nos negócios que as empresas que se acham preparadas para resistir os inevitáveis dias difíceis e conseguem sobreviver às agitações desses dias, eventualmente prosperarão e até mesmo dominarão um determinado segmento de negócios. Os que voam alto e os que se lançam à frente na corrida, mas não têm reservas e não têm um plano para os dias difíceis, não sobrevivem. Seus ossos estão espalhados por aí na história dos negócios.

Num negócio é necessário estar preparado tanto para os dias difíceis que virão sobre todos como também para os específicos períodos de crise que possivelmente virão à sua empresa. Todas as economias são cíclicas. Haverá períodos de baixa, recessões, e até mesmo depressões. Reservas financeiras e um plano bem elaborado para a redução das atividades durante o tempo recessivo geralmente são as chaves para a sobrevivência. Também, provavelmente haverá tempos de crise especificamente para o seu negócio. Tanto um plano para enfrentar uma crise isolada como um plano para controlar uma situação de prejuízos gerais precisam estar disponíveis.

Jesus, demonstrando sua grande sabedoria, investiu muito do seu tempo ensinando e planejando para os dias difíceis. Faça isso também.

OS QUE VOAM ALTO E OS QUE SE LANÇAM À FRENTE NA CORRIDA, MAS NÃO TÊM RESERVAS E NÃO TÊM UM PLANO PARA OS DIAS DIFÍCEIS, NÃO SOBREVIVEM.

Defenda os Seus Funcionários

Quando pessoas de fora criticam o seu pessoal, indiretamente estão criticando você. Assim, quando você defende o seu pessoal de toda crítica, você está edificando lealdade e camaradagem e, ao mesmo tempo, defendendo-se a si mesmo.

Jesus sempre defendeu os seus discípulos. Quando os fariseus os criticaram, ele sabia que ele mesmo era o alvo final da reprimenda deles. Os discípulos certamente foram tomados por um forte sentimento quando o seu Senhor veio defendêlos.

Quando o seu pessoal está fazendo o melhor que pode, quando eles são honestos em seus esforços para servir você e a empresa, defenda-os diante de qualquer crítica externa. Quando você não puder defendê-los quanto ao desempenho deles face a qualquer ataque externo, de duas, uma: ou você, ou eles, precisam ser demitidos.

Isto não quer dizer que você deve negar os erros. Mas é possível reconhecer um erro honesto sem denegrir a pessoa que infelizmente cometeu aquele erro. "Foi um erro do qual todos nós participamos. Fulano, que é um grande colega, simplesmente foi quem aconteceu de estar à frente quando o problema ocorreu"— eis aí o tipo de resposta que serve bem num caso desses.

Jesus demonstrou grande lealdade para com o seu pessoal. Siga o seu exemplo!

QUANDO VOCÊ DEFENDE O SEU PESSOAL DE TODA CRÍTICA, VOCÊ ESTÁ EDIFICANDO LEALDADE E CAMARADAGEM E, AO MESMO TEMPO, DEFENDENDO-SE A SI MESMO.

Estabeleça Prioridades

De muitas maneiras, toda a vida e todo o ministério de Jesus abrangeram o estabelecimento de prioridades e sua firmeza em não se desviar delas. Quando ele disse: "Deixa aos mortos o sepultar os seus próprios mortos", Jesus falou da necessidade de não sermos desviados da nossa meta real e importante, mesmo em situações de emergência que possam solicitar a nossa atenção (Mateus 8:22). E talvez o seu mais famoso e expressivo ensinamento, "buscai, pois, em primeiro lugar, o seu reino (de Deus) e a sua justiça, e todas estas coisas vos serão acrescentadas" (Mateus 6:33), seja um brilhante resumo de toda a sua mensagem. Em outras palavras, atenda às suas prioridades e tudo o mais se encaixará em seu devido lugar.

Estou impressionado de ver, tantas vezes, até mesmo executivos de alto nível, citados nas revistas *Forbes*, *Fortune*, e no *Wall Street Journal*, dizerem coisas do tipo: "O nosso problema é que perdemos o foco", ou "Nós precisamos nos lembrar das razões por que, em primeira instância, estamos neste negócio", ou "Demos meia volta em nossa companhia, voltando-nos aos pontos básicos", ou ainda "Nós precisávamos reordenar as nossas prioridades". Em outras palavras, mesmo os capitães da indústria têm tido problemas com as prioridades: definindo-as, lembrando-se delas, e assegurando-se de que *tudo* o que fazem esteja de acordo com elas.

Estabelecer prioridades normalmente não é a questão. O problema ocorre quando nos desviamos delas, saindo pela tangente, e deixando as coisas "boas" tomarem o lugar das coisas "ótimas". Um bom gerente é aquele que com uma certa freqüência revê, em conjunto com a sua equipe, as prioridades da empresa e submete tudo o que vem sendo feito a uma avaliação rigorosa, comparativamente às reais metas da empresa. Se um procedimento ou um esforço não se relaciona diretamente com as prioridades, ou não está de acordo com elas, precisa então ser eliminado. Ou então as prioridades precisam ser conscientemente mudadas. Isto deve ser feito raramente e com o maior cuidado.

Um dos exemplos mais comuns de como empresas perdem o fio de suas prioridades está em sua publicidade. Os presidentes de empresas se deixam apaixonar por propagandas inteligentes, feitas segundo os parâmetros atuais, até mesmo premiadas, até perceberem que, embora as pessoas se lembrem de sua propaganda e a admirem, tais propagandas não vendem os seus produtos! Então, se eles sobreviverem, vão de volta a uma propaganda básica, que pode até parecer comum ou secular, mas que vende os produtos! Esta é, afinal de contas, a razão por que estão no negócio. Prêmios e elogios dos que indicam as últimas tendências do mercado são bem-vindos, mas não podem se comparar com o crescimento dos resultados, ou com um acréscimo nos dividendos e no valor das ações da companhia. Dar permanente atenção às prioridades é o caminho para o sucesso.

Cada empresa terá prioridades que são específicas dela e do seu negócio. Mas a prioridade número um, para todas as empresas, é "servir aos clientes *e* aos funcionários". Isto pode soar tão básico, mas freqüentemente é esquecido, negligenciado, ou deixado de lado em busca de alguma meta secundária. Quando isso ocorre, a empresa sempre sofre.

Um exemplo bastante comum disso é quando a equipe gerencial concentra toda a sua energia em conseguir um dramático aumento no faturamento por um certo tempo. "Vamos fechar o mês de modo a ultrapassarmos de tal forma a nossa meta, que todo o mundo vai notar"; assim muitas vezes tal postura é verbalizada. Então as verdadeiras prioridades de bem servir os clientes e os empregados são esquecidas. A qualidade, o bom atendimento e a saúde da empresa a longo prazo sofrem. É tudo sacrificado no altar de algo que não é a real prioridade.

Como sempre, Jesus é aquele que tem as idéias certas para nossas vidas pessoais *e* para o nosso negócio. E a boa notícia é que as suas prioridades para as nossas vidas não são incompatíveis com as prioridades que são excelentes, práticas, geradoras de lucro em nosso negócio.

Estabeleça prioridades. Não se esqueça delas. Nunca.

A PRIORIDADE NÚMERO UM, PARA TODAS AS EMPRESAS, É SERVIR OS CLIENTES E OS FUNCIONÁRIOS.

Prepare o Seu Sucessor

Quase que desde o primeiro dia em que Jesus esteve com os seus discípulos, ele lhes disse muitas vezes que estaria com eles somente por pouco tempo. Vez após vez eles discutiam com Jesus acerca da sua curta permanência entre eles, conforme Jesus os advertia, mas Jesus continuava a afirmar que a sua estada com eles seria muito breve.

Conquanto possa ser até mesmo uma frase gasta , nas escolas de administração, dizer que o primeiro dever de todo gerente é preparar e treinar o seu sucessor, na realidade bem poucos cumprem com isto. Mesmo diante do fato óbvio de que *todos* serão: ou promovidos, ou rebaixados, ou despedidos, ou transferidos para outra empresa, ou estarão mudando de carreira completamente, ou se aposentarão, ou morrerão, o fato é que muito poucos gerentes cuidam dos preparativos necessários para enfrentar qualquer uma dessas eventualidades, agindo de maneira adequada, a tempo, de forma sistemática, medida, consciente. Na verdade falar sobre um futuro em que aquele que está na função hoje não estará mais exercendo-a, é quase um tabu. É como a morte: todos sabem que um dia ela chegará, mas ninguém quer falar a seu respeito.

Na maioria das situações nas empresas, todo o mundo vive com uma falsa impressão, a de que, apesar do fato de ser breve a permanência no cargo para a maioria dos executivos, e de que para todos essa permanência um dia terminará, o executivo em questão estará em seu posto para sempre. Na maioria das empresas seria considerado inadequado dizer: "Pois bem, Bill, sua aposentadoria não está muito longe. O que você tem feito para que o seu departamento (ou sua divisão, ou sua empresa) não sofra descontinuidade depois da sua saída?" Ou: "Bill, devido às incertezas que enfrentamos, o que você tem planejado, na hipótese de que alguma coisa, boa ou má, lhe aconteça e você não esteja mais por aqui?" Os executivos tendem a perpetuar o mito de que são imortais e de que a sua presença é permanente.

Seja realista. Admita que você, mais cedo ou mais tarde, um dia vai sair da sua posição. Discuta isso aberta e francamente, com o seu pessoal. Tenha um plano disponível caso aconteça de você inesperadamente não estar mais em seu posto. Tenha um plano disponível mesmo que a transição possa ocorrer de forma mais ordenada e planejada.

O plano de Jesus para a transição por que seus discípulos passariam foi o mais bem-sucedido na História. Ele tinha preparado seus seguidores muito bem, discutindo com eles abertamente a sua eventual saída: Seus colaboradores não queriam que ele fosse, mas foram avisados. Eles se saíram muito bem, depois que Jesus foi retirado de seu meio, levando para a frente o programa de Jesus a um sucesso que eles jamais poderiam imaginar.

Jesus planejou muito bem a sua sucessão. Faça isso também. A sua empresa e os seus colaboradores merecem isso.

OS EXECUTIVOS TENDEM A PERPETUAR O MITO DE QUE SÃO IMORTAIS E DE QUE A SUA PRESENÇA É PERMANENTE.

Sobre o Autor

Bob Briner é o presidente da ProServ Television, Inc., uma das principais produtoras e distribuidoras mundiais da televisão de esportes. Ele tem mais de trinta e cinco anos de experiência em marketing e em negócios internacionais. É também um dos ganhadores do prêmio Emmy, e tem escrito para diversas publicações em todo o mundo, inclusive *Sports Illustrated* e *New York Times.* Ele é o autor dos livros *Roaring Lambs* (Cordeiros Que Rugem) e *Squeeze Play* (Jogo Perigoso), e serve como membro de diretorias de organizações cívicas e filantrópicas.

Briner mora em Greenville, Illinois, com sua esposa Marty.